THE ART OF

DOOM ETERNAL

ART
NOU
VEAU

PUBLISHER
Mike Richardson

EDITOR
Ian Tucker

ASSISTANT EDITOR
Brett Israel

DESIGNER
Jimmy Presler

DIGITAL ART TECHNICIAN
Ann Gray

SPECIAL THANKS
Michael Kochis at Bethesda Softworks

and Cary Grazzini at Dark Horse Comics.

THE ART OF DOOM ETERNAL

둠 이터널 아트북
1판 1쇄 펴냄 2022년 2월 25일
지은이 베데스다 소프트웍스
옮긴이 한원희
감 수 GCL 지씨엘
펴낸이 하진석
펴낸곳 아르누보
주소 서울시 마포구 독막로3길 51
전화 02-518-3919
ISBN 979-11-91212-07-5 03690

목차

1장
지구의 전사

화성에서 벌어진 사건은 악마의 침공이 무산되고 아전트 시설이 파괴되는 것으로 막을 내린다. 하지만 지구로 돌아온 둠 슬레이어는 더 거대해진 악마의 위협에 직면한다.

아전트 시설이 파괴되면서 차원 간 이동은 단절되었는데, 지구에 새로운 포털이 열리면서 지옥의 사제들이 이 포털을 통해 지구 침략을 감행한다. 지옥 군단이 지구로 진격해오고, 끔찍한 고대 설화에 등장하는 느릿느릿 움직이는 타이탄을 앞세워 전투를 벌인다. 막강한 적과 맞닥뜨린 지구 연합군은 지옥 군단의 위력에 대항하기에는 무기력했고, 광란이 휩쓸고 지나간 자리에서 속수무책으로 당하고 만다.

화성에서 벌어진 그 어떤 전투보다 격렬한 전투를 앞둔 둠 슬레이어는 뿔뿔이 흩어진 밤의 감시단 동료들의 흔적을 쫓으며, 고대 센티널 기술을 간직한 유물을 찾아 나선다. 몰락한 감시자들 왕국의 폐허 속 어딘가에 오래전 만들어진 지옥의 군단에 대항할 수 있는 무기가 숨겨져 있다.

둠 슬레이어

카딩거 성소의 봉인된 석관에서 탈출한 뒤 화성에서 악마의 침공을 막아내는 데 성공한 둠 슬레이어는 인간형 사이보그 새뮤얼 헤이든과의 대면 이후 또다시 공허 속으로 떨어진다.

지구에서 또다시 악마들의 침공이 계속되는 가운데 둠 슬레이어가 지구로 귀환한다. 그의 상징 프레이터 전투복은 재정비되어 기동력과 파괴력이 한층 더 업그레이드되었다. 끝없이 계속되는 전투에서 승리하기 위해 둠 슬레이어는 자신의 과거와 마주해야 하며, 그래야만 역사가 반복되는 것을 막을 수 있다.

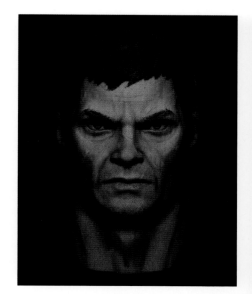

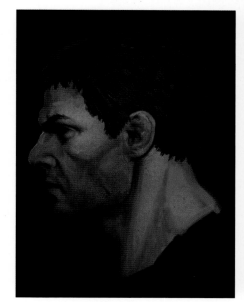

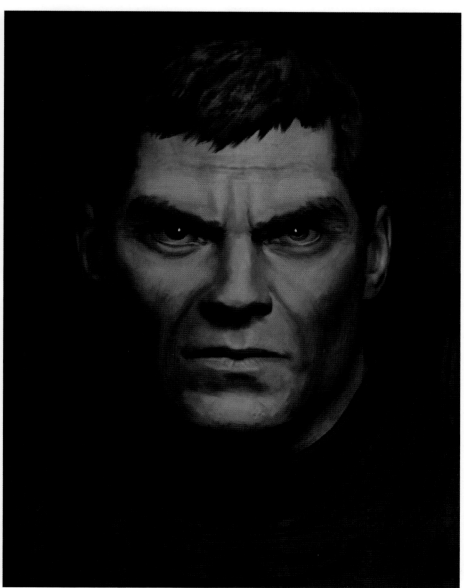

[옆 페이지] 둠 슬레이어-알렉스 팔마(Alex Palma) / [위] 둠 슬레이어 얼굴과 헬멧-알렉스 팔마

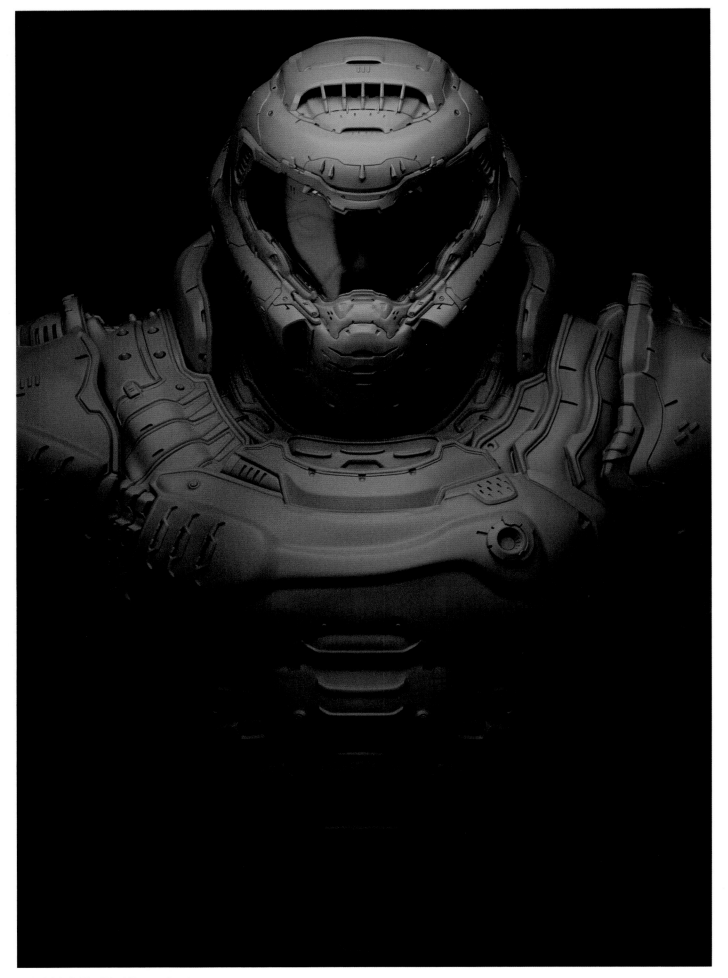

둠 슬레이어 렌더링-덴질 오닐(Denzil O'Neill)

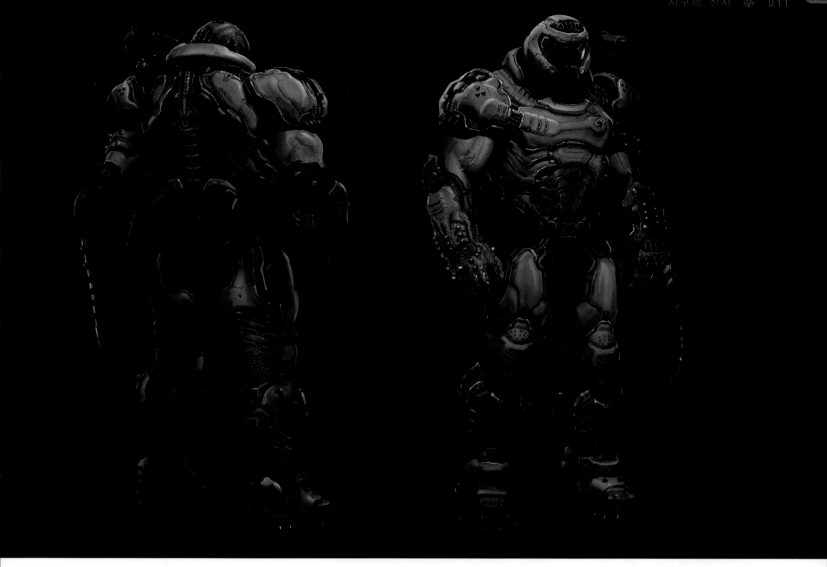

[위] 갑옷 입은 둠 슬레이어 / [아래] 헬멧 벗은 둠 슬레이어-알렉스 팔마

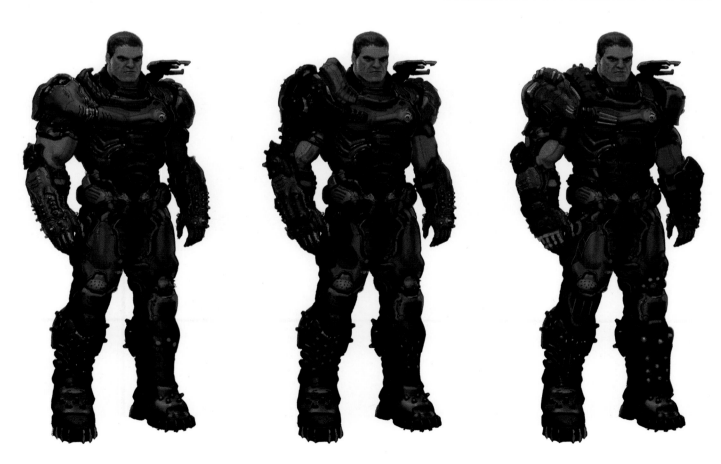

센티넬의 왕

센티넬의 왕은 오랜 세월 센티넬 프라임을 지배하며 독립국인 감시자들의 왕국을 이끄는 전사 수장인 동시에 수호자로 임명되어 통치해왔다. 센티넬인들은 전쟁의 유산에 따라 전사 계급 출신만을 왕으로 추대했으며, 왕은 전투가 시작되면 안전한 왕좌를 박차고 직접 전장에 뛰어들어야 했다. 센티넬 법에는 전투에 나서지 않는 왕은 지배할 자격이 없다고 명시돼 있다.

센티넬인들은 수천 년간 야수와 인간의 침략 위협으로부터 문명을 수호해왔다. 다음 세대에게 전쟁의 책임(Mantle of battle)을 물려주는 동시에 전쟁의 기술을 장인 정신이 깃든 예술로 승화시켰다. 평화가 지속될 때에도 밤의 감시단은 경계 태세를 늦추지 않았고 새로운 정복 기술을 발전시켜 고유의 영토를 지배했다.

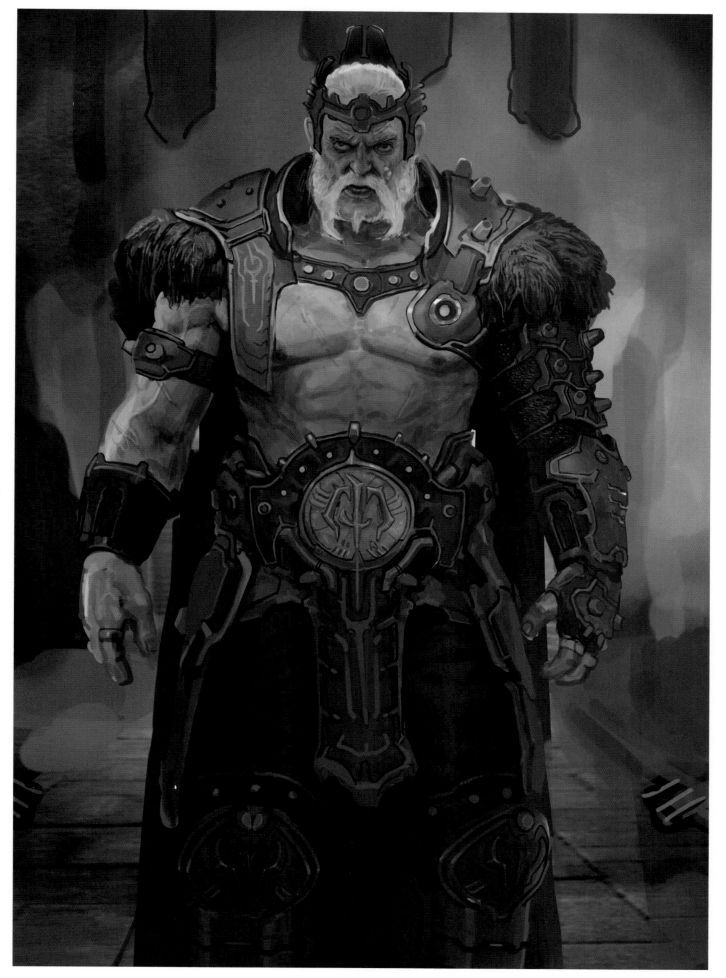

[옆 페이지] 센티넬의 왕 구상화 / [위] 센티넬의 왕-알렉스 팔마

밤의 감시단

밤의 감시단은 센티넬 군대의 최정예 병사들로 이뤄져 있다. 악마를 죽이는 데 특화된 밤의 감시단은 용맹함과 뛰어난 전술로 명성이 높다.

어린 나이에 선발된 예비 밤의 감시단들은 정식 대원이 되기 위해 가혹한 통과의례를 거쳐야 한다. 센티넬 세계의 수호자라는 유일한 목표를 이루기 위해 평생 계속되는 혹독한 훈련을 견뎌낸 그들은 전사로 다시 태어난다.

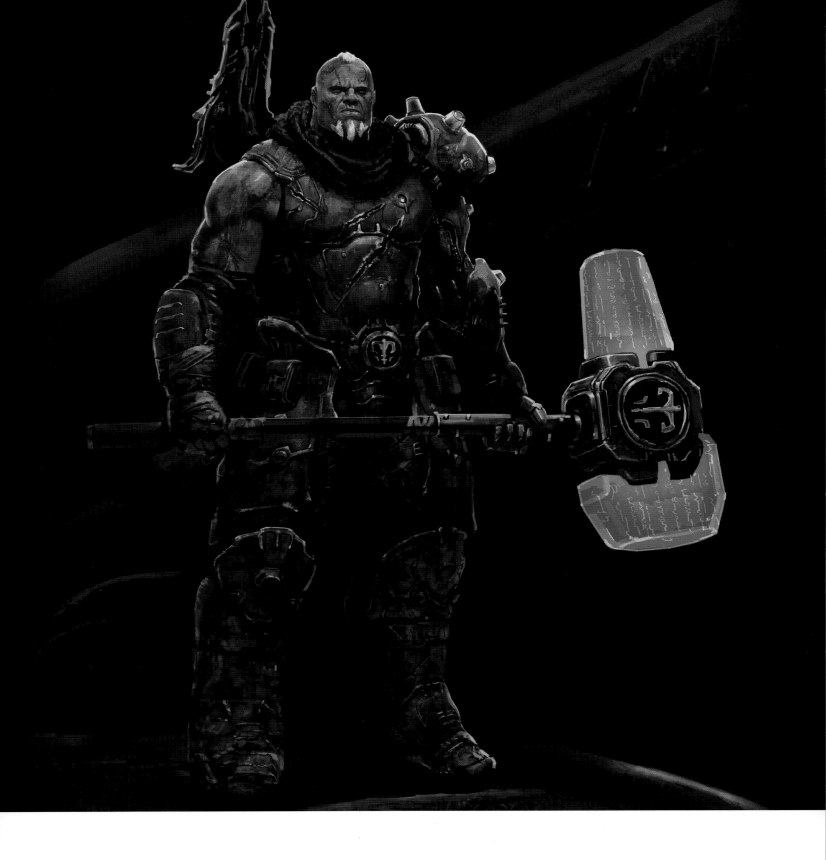

살아남은 감시자

악마들의 침공에 맞서는 전쟁이 길어지자 아전트 드'누르는 차원을 넘어 공격을 감행하는 전략을 펼치며 최정예 병사들을 지옥의 심장부로 보낸다. 하지만 혹독한 훈련을 거쳐 만반의 준비를 마친 밤의 감시단도 적지에서 기습을 당하고, 최고 지휘관들의 배신으로 아전트 드'누르의 용맹한 전사들은 지옥에서 고립된 채 방치된다. 살아남은 자들은 아무런 탈출 수단도 없이 지옥 세계에서 뿔뿔이 흩어지고 만다.

밤의 감시단 중에서 유일하게 지옥에 남기를 선택한 자가 있었다. 죽은

아들을 부활시키기 위해 아전트를 배신한 그는 엘리멘탈 레이스들의 무덤으로 가는 열쇠를 건넨다. 그는 고문당하는 아들의 모습을 보여주는 악마의 환영에 시달리며 고통에 몸부림치다 광기에 사로잡힌다. 나약함에 빠진 순간 악마의 농간에 놀아나 아전트 드'누르의 운명을 봉인하고 자신이 수호하기로 맹세한 왕국을 파멸로 이끈다. 그리고 그는 죗값을 치르기 위해 지옥에 유배되는 것을 선택했다.

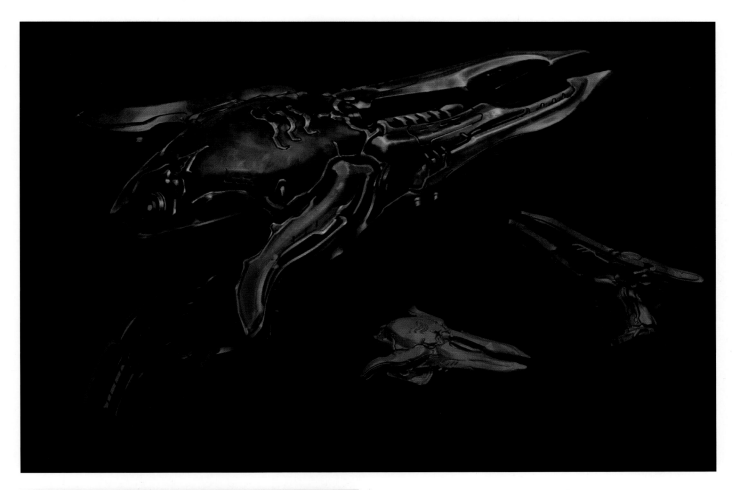

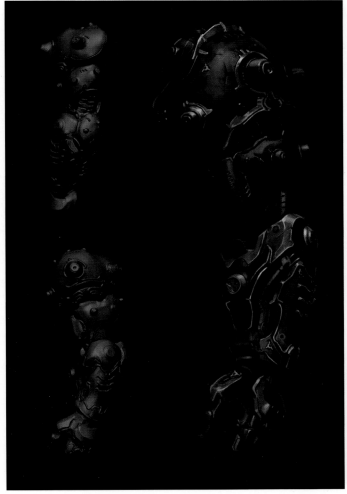

[옆 페이지] 살아남은 감시자 / [위] 상세 콜아웃-알렉스 팔마

2장
지옥에서 온 악마

혼돈의 세력이 지구를 급습하면서 음침한 계획이 드러나기 시작하고, 동시에 지옥의 공격을 조종하는 배후 세력의 실체가 밝혀진다.

화성에 위치한 아전트로 통하는 연결 고리가 차단되면서 지옥 군단은 지구로 눈을 돌렸다. 그들이 끝없이 갈망하는 인간의 영혼이라는 자원이 풍부한 유일한 행성이었기 때문이다. 지옥의 군대는 오랫동안 인간에게 헌신을 가장했던 어둠의 총독인 지옥 사제들의 명령을 받아 지구를 공격한다. 라이탄 신전의 꼭대기에서 사제들은 속수무책인 지구를 짓밟으며 방어 시설을 초토화하고 지구인들을 노예로 삼는다.

이로써 지옥 사제들은 어둠의 계약을 완수한다. 지구 정복에 나선 곳은 지옥뿐만이 아니었다. 무한한 차원을 넘어 중재자 역할을 하던 침묵의 메이커들은 지옥과 조약을 맺었다. 이 철저히 계산된 위험과 우연한 상호 간의 합의로 인해 지구는 협상 카드로 전락하고 만다.

병사

한때 최전방에서 악마의 침공으로부터 지구를
방어하는 보병으로 활약했지만 어둠에 점령
당해 지옥의 병사가 된 후 동료들을 배신한다.

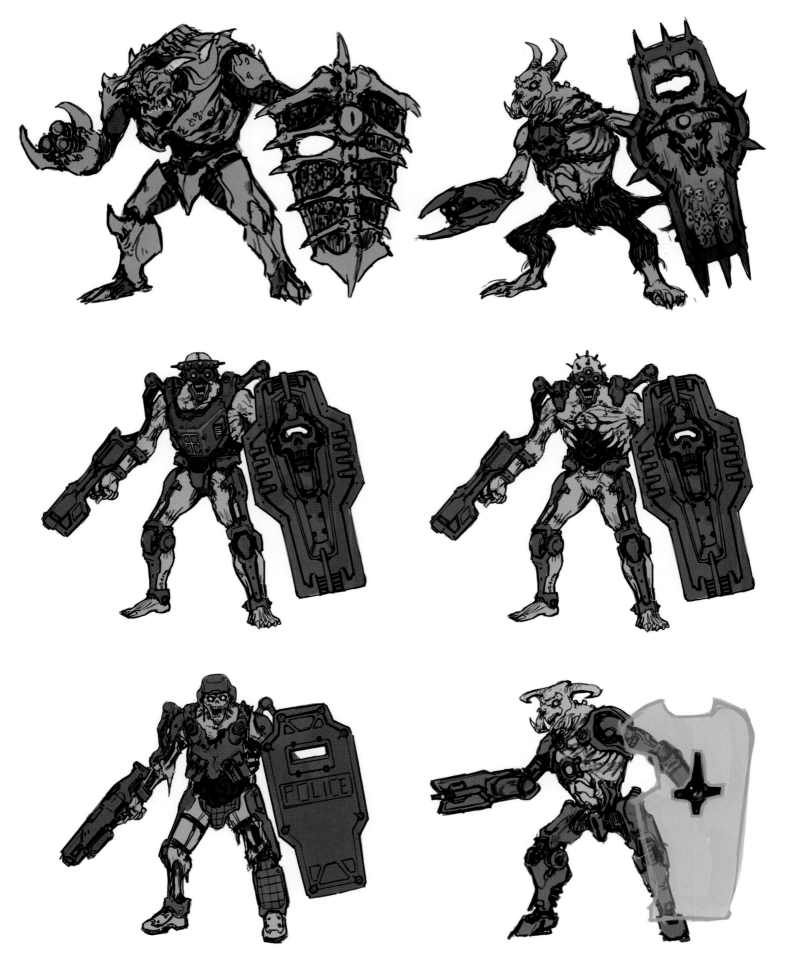

[옆 페이지] 지옥의 병사 / [위] 병사 구상화-에머슨 텅

지옥의 세력에 사로잡힌 하위층 좀비들은 한때 인간이었다. 지옥의 힘에
속아 넘어간 뒤 인간성을 잃고 타락했다. 지옥의 지배에 완전히 굴복한
이들은 구원받지 못하고, 영혼을 빼앗긴 채 기괴한 모습으로 변형된다.

좀비

지옥의 세력에 사로잡힌 하위층 좀비들은 한때 인간이었다. 지옥의 힘에
속아 넘어간 뒤 인간성을 잃고 타락했다. 지옥의 지배에 완전히 굴복한
이들은 구원받지 못하고, 영혼을 빼앗긴 채 기괴한 모습으로 변형된다.

[옆 페이지] 사이버 좀비 / [위] 좀비 구상화-존 레인(Jon Lane)

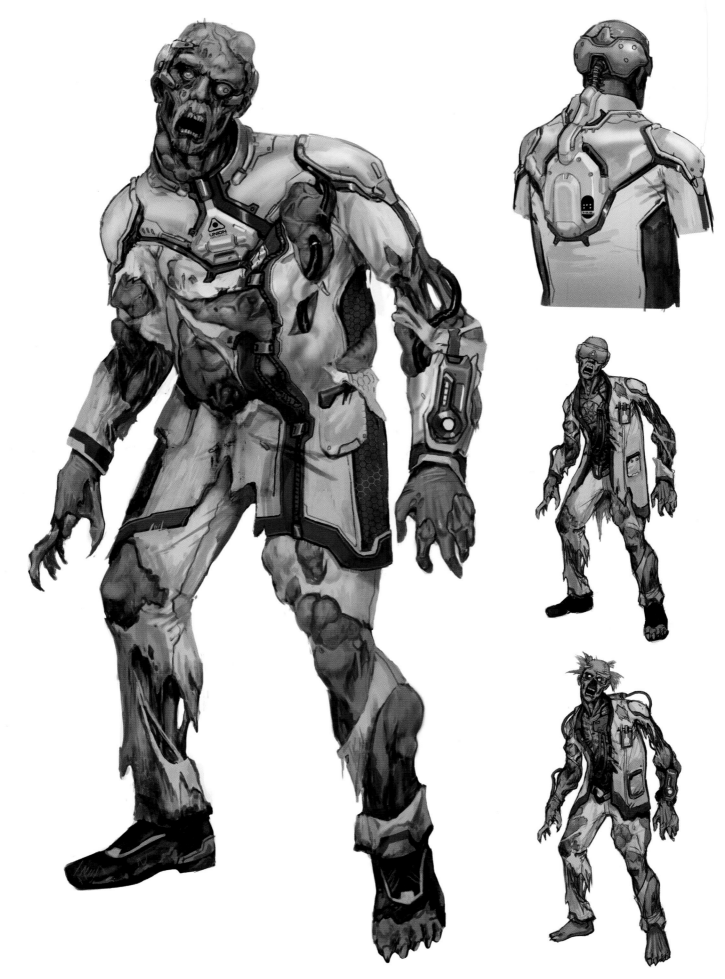

[왼쪽] 좀비 과학자 / [오른쪽] 좀비 과학자 구상화 – 에머슨 텅

[왼쪽 위] 좀비 과학자 – 필드 라이스너(Field Leisner) / [오른쪽 위] 지옥 좀비 – 에마누엘 팔라리크(Emanuel Palalic) / [아래] 좀비, 사이버 좀비 – 덴질 오닐

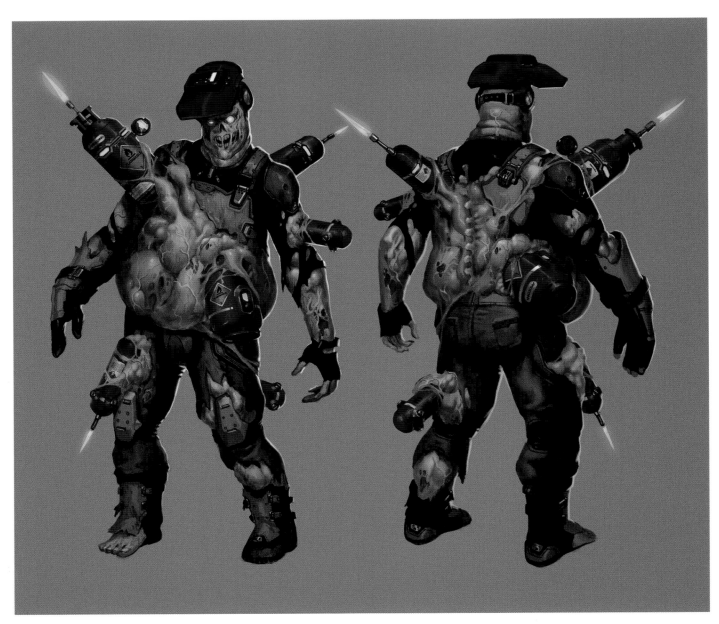

[위] 폭탄 좀비 / [아래] 폭탄 좀비 스케치-에머슨 텅

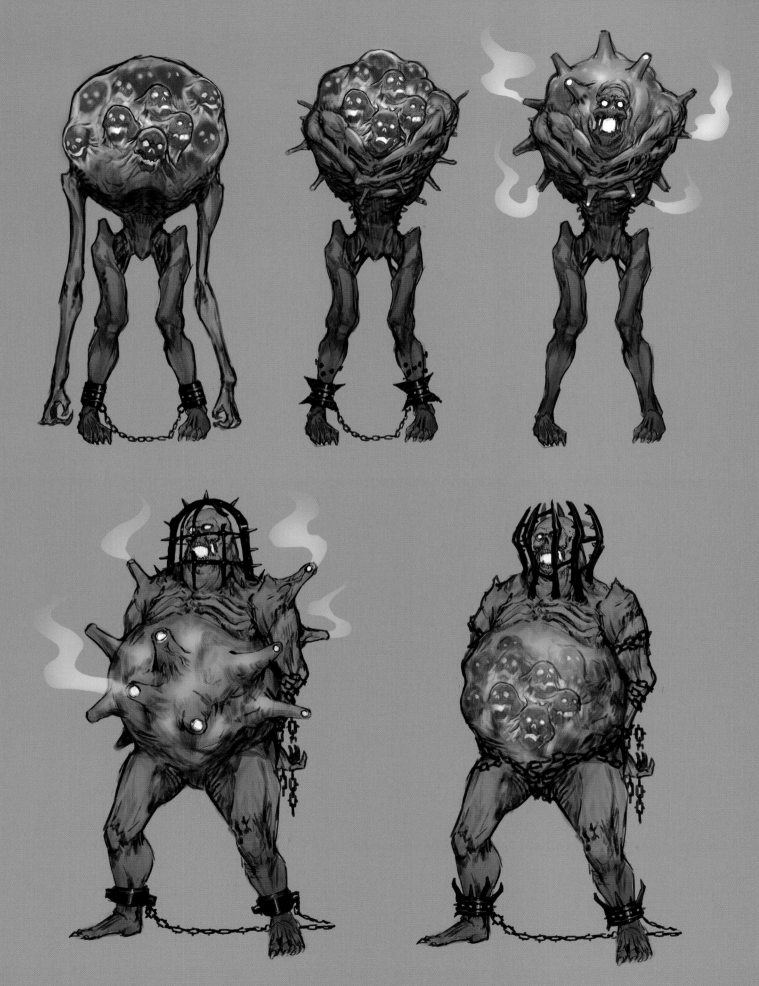

페인 엘리멘탈

그림자 평원의 혐오스러운 창조물 페인 엘리멘탈은 악마의 세계 깊숙한 곳에 자리한 원시적이고 끔찍한 곳에서 왔다. 오직 고통만 느끼는 페인 엘리멘탈은 자신의 타오르는 내장 구덩이 속에서 로스트 소울을 생성해야 하는 운명을 타고났다. 그 고통스러운 과정은 비참한 생을 마감할 때 비로소 끝난다. 잠시라도 괴로움과 고통에서 벗어나는 길은 자신의 고통을 세상 밖으로 내뱉는 것뿐이다. 때문에 페인 엘리멘탈은 무차별적인 학살을 저지르고, 환경을 파괴하며, 무고한 사람들에게 고통을 가하며 쾌락을 얻는다.

[옆 페이지] 페인 엘리멘탈 / [위] 엘리멘탈 뒷모습과 관통상 당한 모습 / [아래] 페인 엘리멘탈 특수 효과 – 존 레인

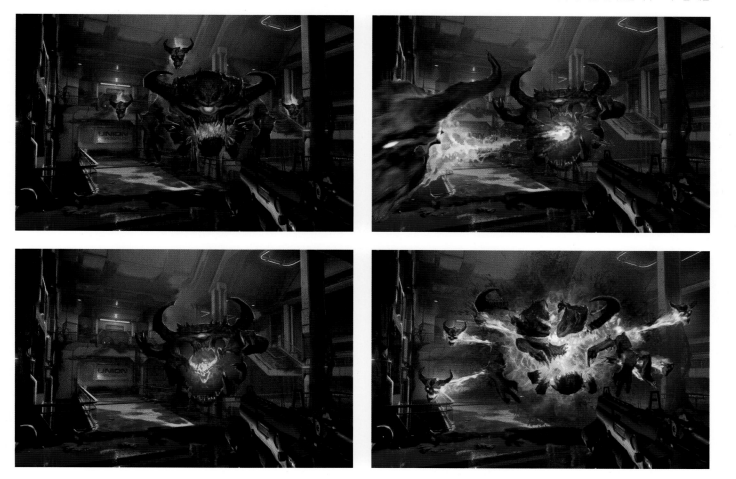

아라크노트론

아라크노트론은 스파이더 마스터마인드의 유해에서 추출한 유전적 물질을 파괴력이 높은 기계와 결합하여 만들어졌다. 실제 아라크노트론의 신체는 제한된 활동만 가능하다는 단점이 있지만 탁월한 지적 능력을 보유한 덕분에 퇴파 자극으로 움직이는 보철 뼈대의 주인으로 낙점되었고 결국 영구적으로 안착했다. 아라크노트론을 창조한 UAC 시설은 직접 악마를 설계해 무기화하려고 했지만, 조립공장에서 폭발 사고가 일어나면서 안에 있는 사람들이 모두 사망하게 되었다. 공장은 현재 AI의 관리 아래 운영되고 있으며 자동 생산 방식으로 아라크노트론을 생산하고 있다.

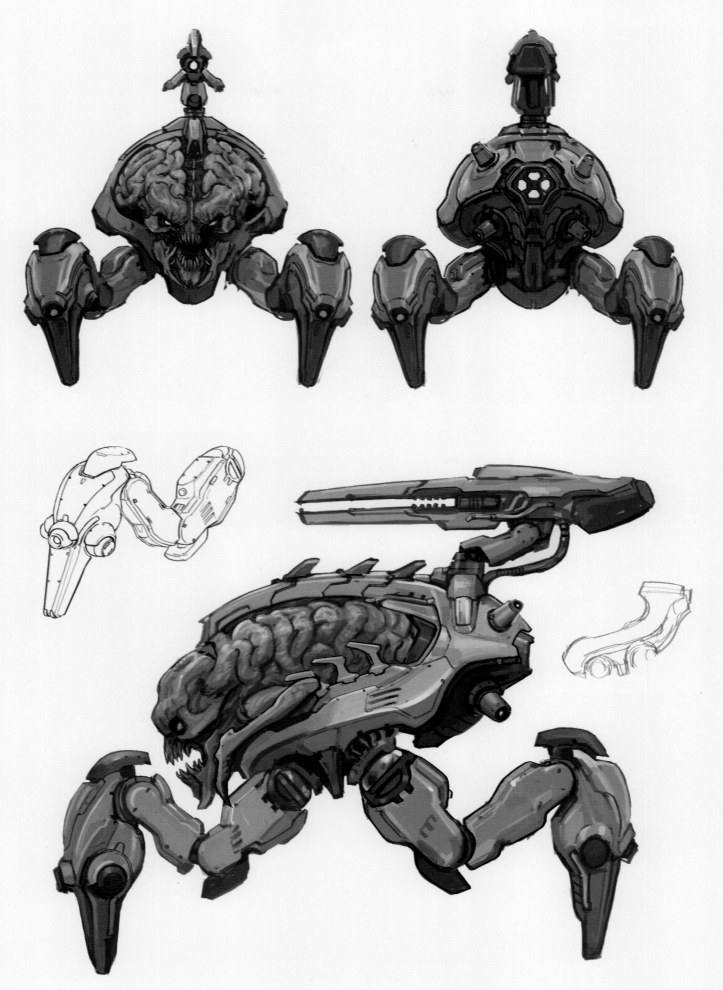

[옆 페이지] 아라크노트론 / [위] 아라크노트론 투상도-알렉스 파마

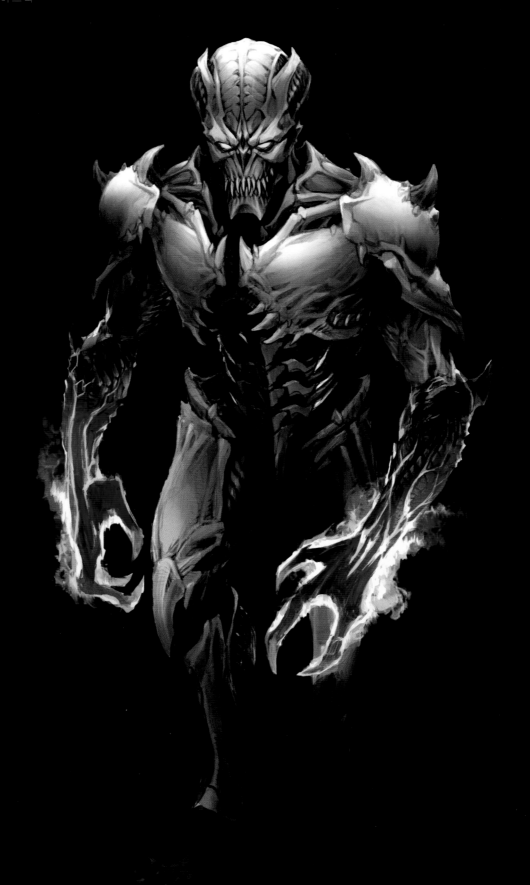

아크빌

지옥불로 만들어진 아크빌은 지옥 마법의 불경한 힘을 움직이고 조작하는 능력을 타고난 덕분에 계급이 낮은 악마들 사이에서는 두려운 존재로 인식된다. 유서 깊은 악마 종족의 후손인 아크빌은 오래전부터 고귀한 악마들로 이뤄진 지도자 계급에 속해 있다. 악마 계급 중에서 특출난 지능과 정신 감응 능력을 소유한 아크빌은 지옥의 야만적이고 원시적인 야수들을 이끄는 지도자가 되었으며, 어리석은 자들을 자신의 수하로 만드는 데도 탁월하다.

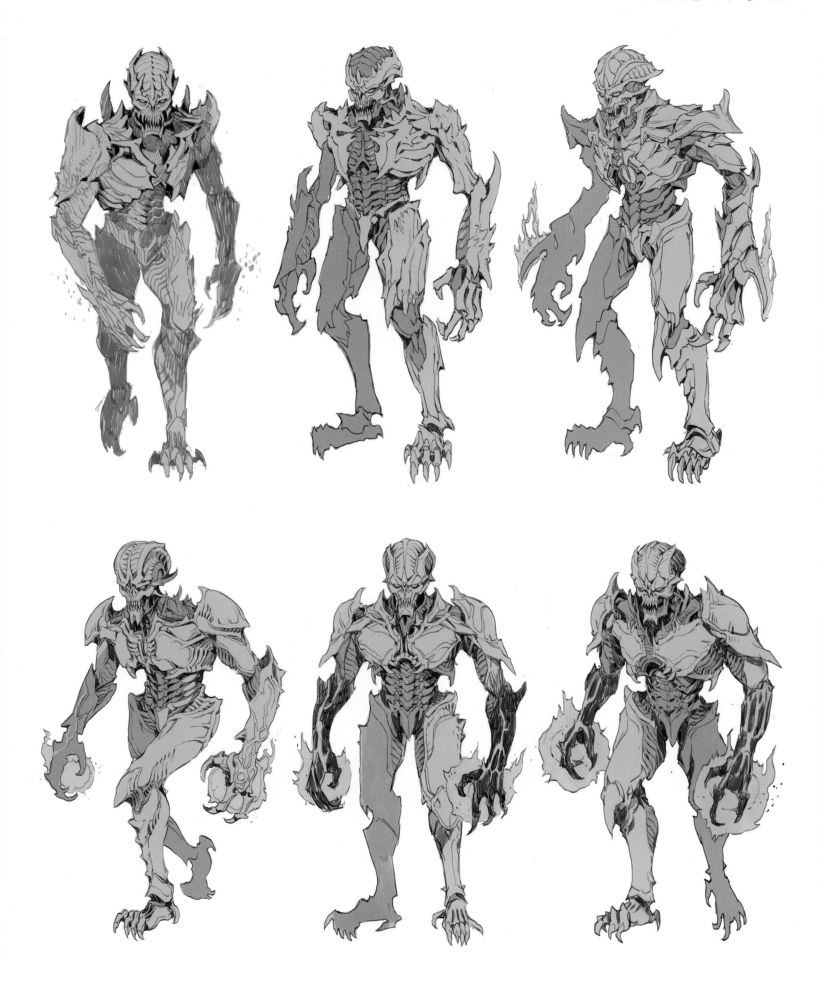

칼카스

잔혹한 생체역학 기술의 산물인 칼카스는 추종자 거주지 내 외딴 실험실에서 탄생했다. 칼카스는 살아 있지도, 그렇다고 죽지도 않은 일부만 소생된 상태로 존재하는데, 사이버네틱 골조가 부패해가는 유기체 숙주 안에서 생체 자극을 전달한다. 전투에서 죽은 병사들을 재활용하기 위한 수단으로 고안되었다. 살아 있는 상태가 아닌 숙주는 사이버네틱 이식을 통해 몸에서 분리해야만 비로소 파괴된다.

[옆 페이지] 칼카스 / [아래] 칼카스 구상화—에머슨 텅 / [위] 칼카스 렌더링—에마누엘 팔라리크

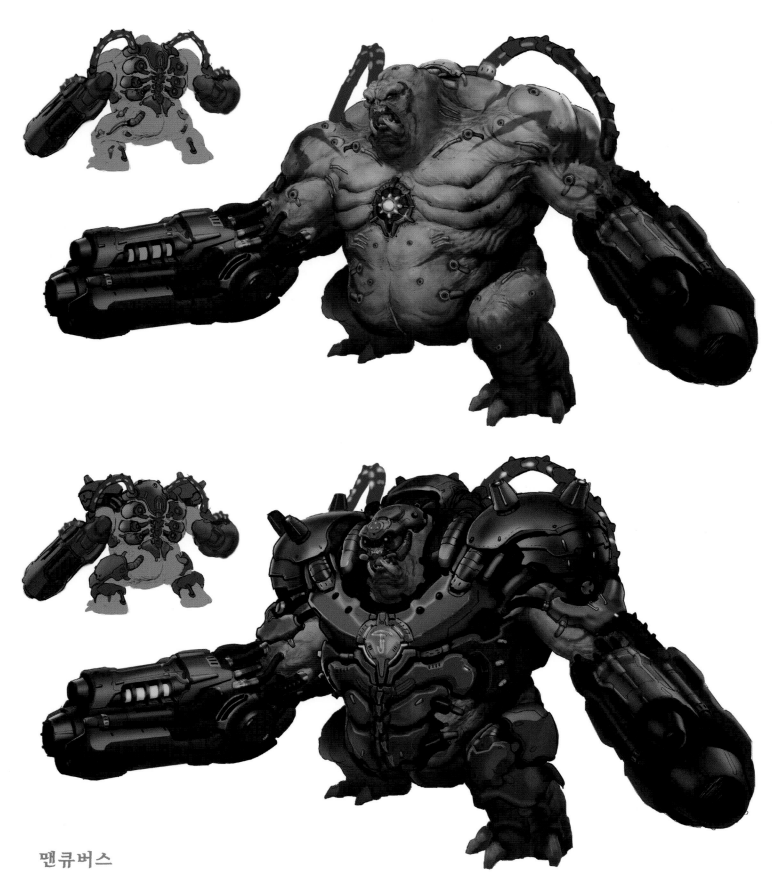

맨큐버스

악마의 세계에서 거대한 몸집을 자랑하는 맨큐버스는 UAC 탐사대가 화성에서 처음 마주쳤을 때와는 확연히 다른 모습을 하고 있다. 표면에 자연적으로 갑옷이 생성되는 동족과 달리 변형된 모습에서는 인공적인 변화가 뚜렷하게 보인다. 전신을 덮는 갑옷으로 무장해 비대해진

겉모습과 팔에 부착된 정교한 무기 시스템에는 맨큐버스의 전투 능력을 향상시켜 무기화하려는 목적이 숨겨져 있다. 거대한 몸집과 빠른 회복력을 자랑하는 맨큐버스는 전투에서 상대에게 엄청난 위협이 된다.

[옆 페이지] 맨큐버스와 사이버 맨큐버스-알렉스 팔마 / [위] 맨큐버스 렌더링-필드 라이스너 / [아래] 맨큐버스 시체-알렉스 팔마

휩래시

지옥의 청소부 휩래시는 생팀 황무지의 검은 사막에서 UAC 탐사대가 처음 발견한 괴물이다. 뱀처럼 교묘한 이 악마는 빠른 속도로 민첩하게 움직이고 팔에서 튀어나오는 날카로운 채찍으로 먼 거리에 있는 적을 공격할 수 있다. 지구의 UAC 연구진들은 휩래시에게 특별한 관심을 보였지만, 이 날렵하고 예측할 수 없는 괴물을 생포하는 것은 위험한 일이었다. 이후 성공적으로 1개의 표본을 획득한 연구자들은 휩래시의 타고난 힘과 치명성을 증폭시키는 사이버네틱 장치를 이식했다.

[옆 페이지] 휩래시 정면 / [위] 휩래시 뒷모습 및 구상화—알렉스 팔마

휩래시 렌더링-피터 뵘(Peter Boehme)

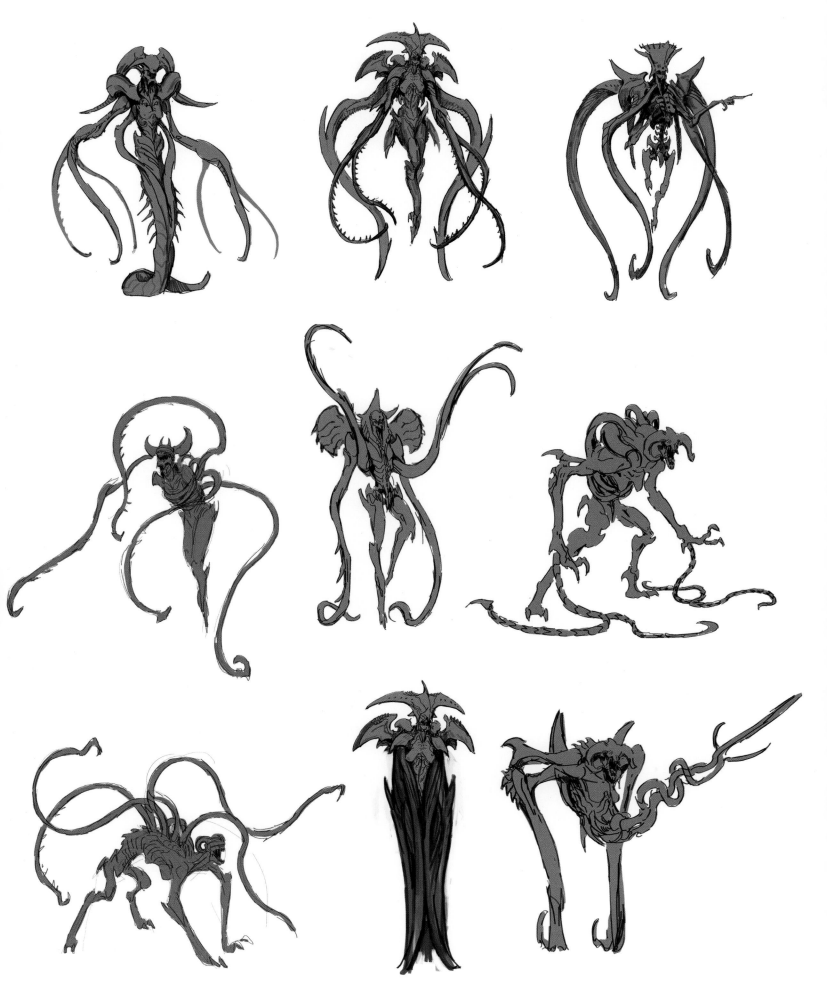

휩래시 구상화 스케치-알렉스 팔마

레버넌트

인간의 괴사성 근조직을 소생시켜 생물 무기로 제작하는 실험인 일명 '레버넌트 프로그램'은 화성에서 UAC 시설이 무너지면서 함께 파괴된 것으로 알려졌다. 하지만 지구에 새롭게 등장한 추종자 거주지(지옥의 직접 통제를 받고 있는 옛 UAC의 구역)에서 레버넌트 프로그램이 새롭게 재개된다. 플랫폼에 남아 있는 무기의 폭발력은 기존 디자인대로 보존하되 사이버 신경 프로그래밍에 변화를 주었다. 숙주의 전두엽에 규칙적인 신호를 보내 피에 굶주린 광적이고 제어가 불가능한 상태가 되도록 자극한다. 이 신호가 보내지면 숙주는 어떠한 생각이나 감정을 느끼지 못하고 오로지 생명체를 살해하거나 폭력을 가하겠다는 충동에 사로잡히게 된다.

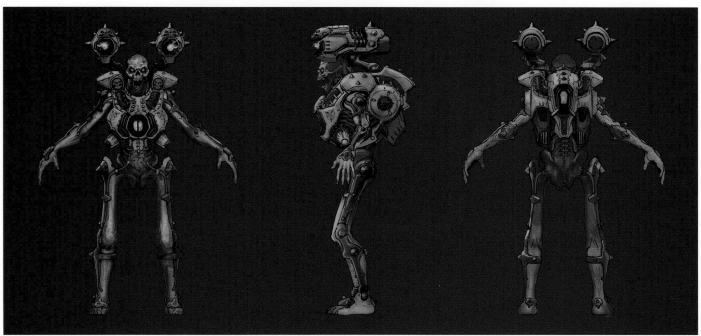

[옆 페이지] 레버넌트 머리-알렉스 팔마 / [위] 레버넌트 렌더링-피터 뵘 / [아래] 레버넌트-알렉스 팔마

가고일

임프의 사촌격인 가고일은 민첩하고 맹렬하며 무리를 지어 사냥하는
특성이 있다. 센티넬이 고향이며 수백 년간 센티넬 경비대를 괴롭혀왔
다. 센티넬 프라임 방어벽을 넘나들 수 있는 소수의 괴물 중 하나로 예
고 없이 나타나 불운한 마을 주민들의 목숨을 빼앗고 황무지로 유유히

사라진다. 밤의 감시단 중에서도 가장 실력이 뛰어난 사수만이 공중에
서 날아드는 가고일의 위협을 막을 수 있다. 이런 가고일의 위협 탓에 도
시 외곽의 경계를 잠시도 늦출 수 없다.

[옆 페이지] 가고일 / [위] 가고일 구상화 스케치-알렉스 팔마

[옆 페이지] 가고일-알렉스 팔마 / [위] 가고일 렌더링-에마누엘 팔라리크 / [아래] 가고일 구상화 스케치-알렉스 팔마

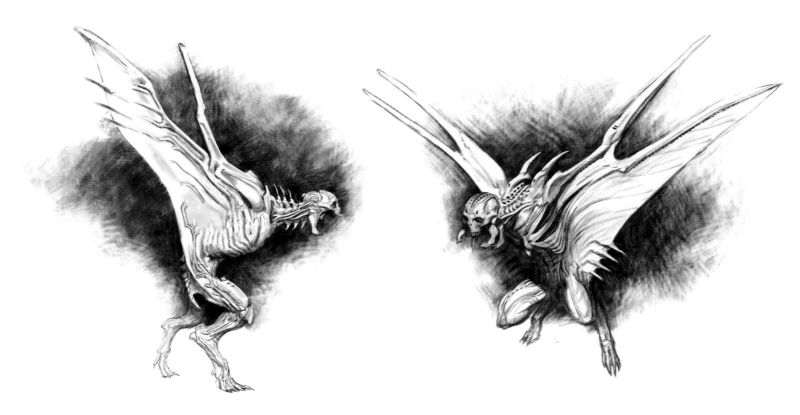

검투사

황금시대가 끝난 뒤 아전트 드'누르에서 경쟁
관계에 있던 파벌들은 서로 등을 돌린다. 센티
넬인들 사이에 불순한 세력이 스며들면서 한
때 성스럽게 여겨지던 전통이 타락하고 만다.
과거 아전트의 죄수들이 전쟁에서 싸울 권리
를 시험받았던 재판의 장소인 콜로세움은 이
제 피의 스포츠가 열리는 장소로 변질된다. 사
제들은 센티넬 법을 어겨가며 그곳에 악마를
가두었고, 스스로 정한 법령 안에서 심판을 내
리며 무자비한 처형을 일삼았다. 검투사는 죽
지 않는 주인의 고통받는 영혼이 갇힌 저주받
은 방패를 휘두르며 수많은 희생자를 낳고 무
적의 존재가 된다.

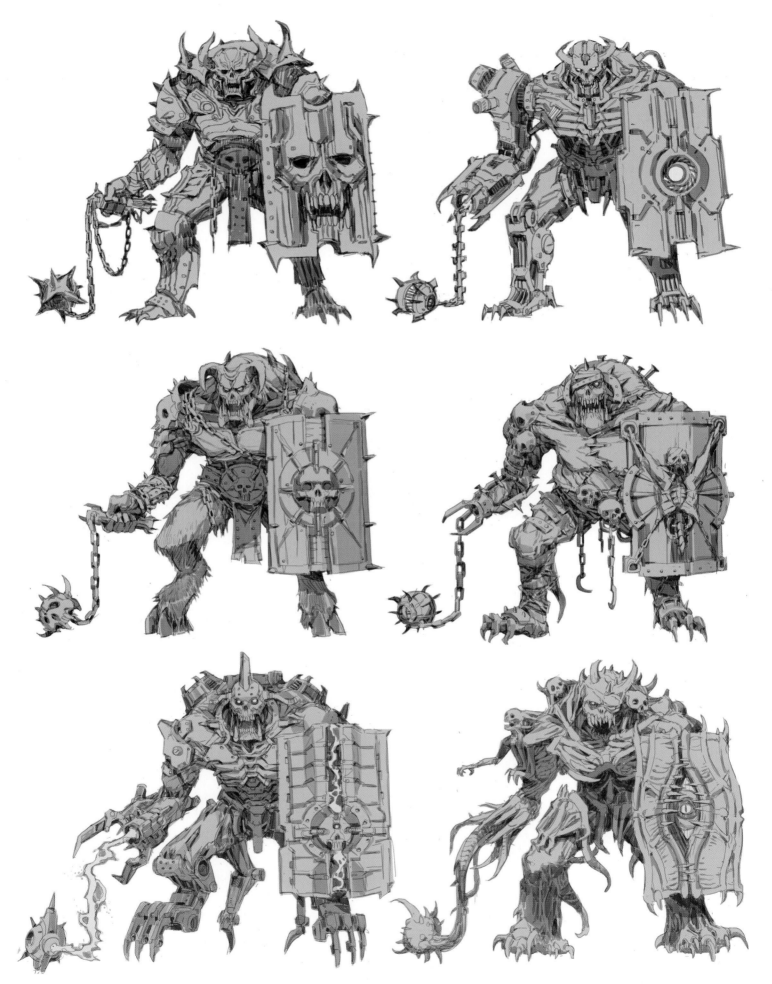

[옆 페이지] 검투사와 방패 / [위] 검투사 구상화 스케치-존 레인

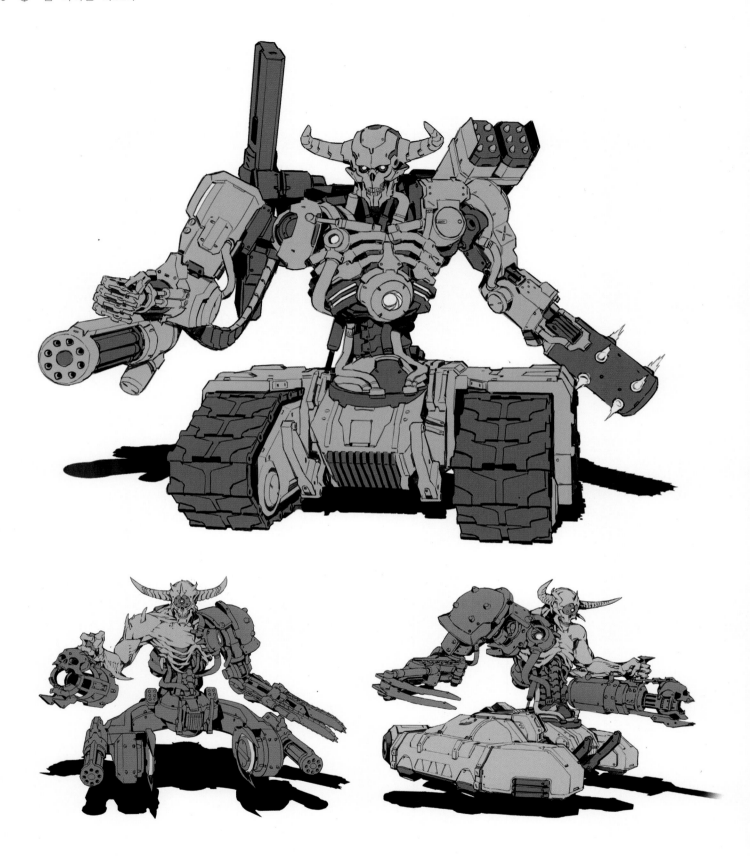

둠 헌터

야수와 흡사한 고대 종족 둠 헌터는 금속시대에 센티넬 전사들에게 치명적인 사냥꾼으로 알려져 있다. 둠 헌터는 얼어붙은 북극의 툰드라 지역에서 추종자들이 발굴 작업을 하던 중 발견되었다. 빙하 아래에서 수백 년간 꽁꽁 얼어붙은 채로 있었던 둠 헌터의 유해를 복원하기로 결정하면서, 괴사된 조직을 소생시키는 생물 실험의 대상이 된다. 골고탄 유적 위에 우뚝 솟은 최첨단 제단인 추종자들의 성채에서 둠 헌터는 의례적이고 체계적으로 부활하여 재건되었다. 신체 구성 요소 대부분이 사이버네틱으로 변했지만 높은 지능을 갖고 있으며, 잔인한 사냥 본능은 탱크 부분으로 무장되어 더욱 강화되었다.

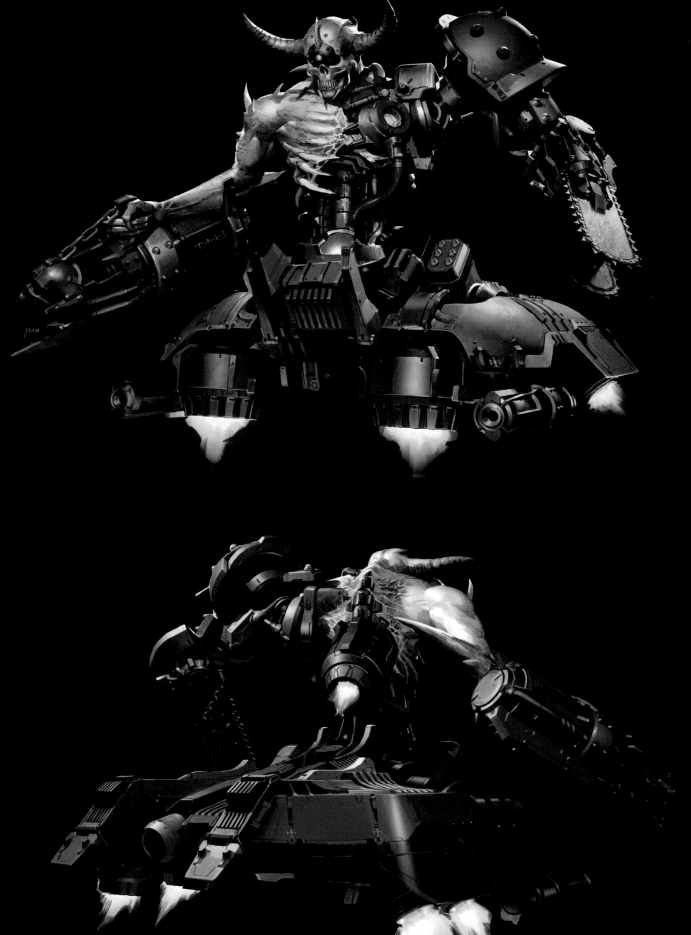

공포의 기사

지옥의 기사의 변종인 공포의 기사는 뛰어난 공격성이 개조되어 프로그래밍되었다. 외관에 부착된 에너지 검으로 무장한 공포의 기사는 UAC 추종자들의 공학으로 만들어진 치명적인 살상 무기다. 에피네프린 조절장치에서 쉴 새 없이 뿜어져 나오는 분노 유발 아드레날린으로 움직이며, 엔돌핀 수용체와 팔에 부착된 검이 동시에 반응하도록 고안되었

다. 살상을 해야 하는 순간 다량의 인공 도파민이 주입된다. 그 결과 공포의 기사는 생화학적으로 가공된 순수한 분노가 끓어오르는 상태가 되며, 살해라는 행위를 통해서만 그 고통스러운 상태에서 잠시 유예되는 운명을 맞게 된다.

[옆 페이지] 공포의 기사-존 레인 / [위] 지옥의 기사 구상화 / [아래] 지옥의 남작 구상화-알렉스 팔마

타이런트

검은 영혼의 소굴인 바벨을 지키는 악마 군주 타이런트는 오랜 세월 지옥 소굴의 관리자이자 지배자로 살아왔다. UAC에서 사이버네틱 변형을 거친 뒤 무기화된 타이런트는 인간 세계에서 죄인으로 낙인찍힌 영혼을 축출해 수집하는 임무를 수행하며 원로 악마 신들의 불경한 인장에 따라 법을 집행하는 역할을 한다. 가학적 성향을 지닌 하급 악마 지배자인 타이런트는 잔인함과 살의로 악명이 높다.

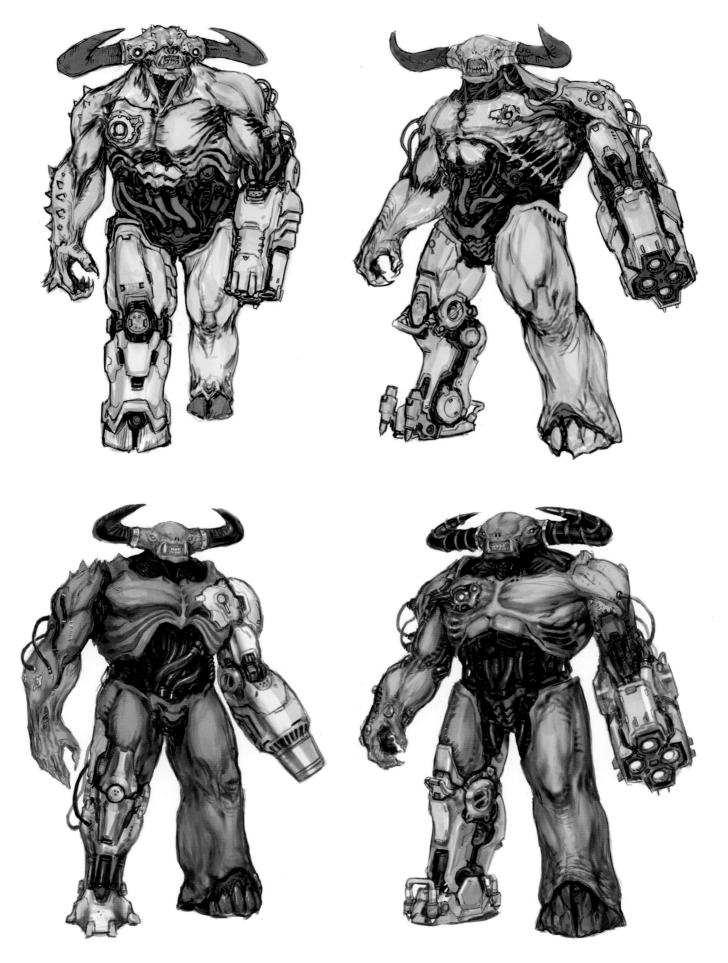

[옆 페이지] 타이런트 / [위] 타이런트 구상화 스케치-에머슨 팅

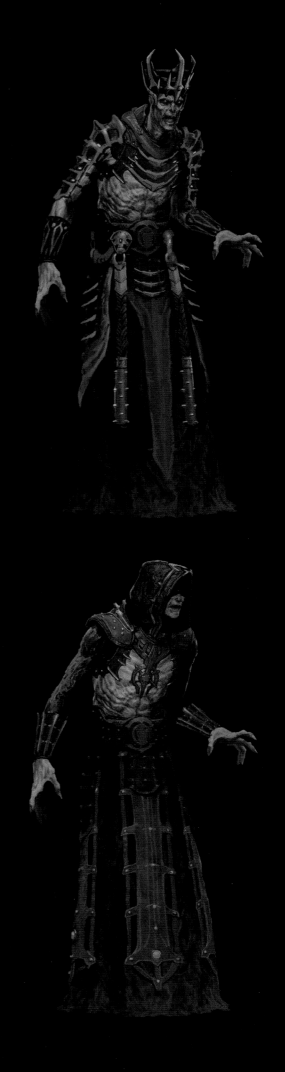

지옥 사제

엑술리타아가 멸망하면서 센티넬의 신정 체제에 변화가 생기기 시작했다. 오랫동안 센티넬 사회의 도덕적 근간이 되어왔던 신정 국가의 몰락은 전 세계적으로 연쇄 반응을 일으켰다. 사제들은 교활하고 점진적인 설득에 지옥의 세력에 무릎 꿇고 결국 성서를 버리고 근본 교리를 부정하게 된다. 그 후 타락의 시대가 열리면서 교회는 내부에서부터 와해되고 만다.

지옥의 지배자들

불멸의 존재 아크데몬은 암흑 군주를 대신해 지옥의 핵심 집단 위에서 군림하고 있다. 버려진 죽음의 땅에서 형체가 없는 고통의 구덩이에 이르기까지 지옥의 모든 수하는 아크데몬의 명령에 복종한다. 그중에서 가장 악랄한 자는 바벨의 폐허에서 살아난, 첨탑 도시 디스의 관리자 에레부스다. 그는 지옥에 떨어진 지배자로 영원한 노동의 굴레에 갇힌 저주받은 영혼들을 지배한다. 아크데몬의 힘은 절대적이긴 하지만, 무한한 영지를 지배하는 '이름 없는 자', 지옥의 주인이자 왕의 부름에는 무조건 복종한다.

[옆 페이지] 관리자 악마 구상화 / [위] 지옥의 지배자들 스케치-존 레인

죄악의 상징

센티넬의 고대 경전에는 지옥의 시대에 뛰어난 고대 악마였던 타이탄이 불멸의 잠에서 깨어나 귀환한다는 예언이 기록돼 있다. 타이탄은 혼돈과 파괴라는 원시적 힘을 지닌, 종말을 알리는 전령사로 알려져 있다.

배신자 아들의 심장에서 태어난 죄악의 상징은 지옥의 사악한 목적에 따라 형체를 지니게 되었다. 인간의 본질적인 고통에서 만들어진 무시무시한 존재인 타이탄은 한때 인간의 영혼을 가지고 있었다. 하지만 그 영혼은 이제 완전히 변질되었고, 예전 자아의 뛰는 심장 속에 갇혀 있다. 지옥 깊숙한 곳에서 영겁의 고통에 시달리는 아들을 해방시키기 위해 배신자는 아들을 죽음에서 회귀할 수 있는 기회를 준다는 계약, 즉 어둠의 검은 운명에 봉인된다는 계약을 맺는다. 아들은 다시 생을 부여받지만 다시는 인간으로 살지 못하게 된다. 지옥의 끝없는 잔인함으로 인해 육체에서 분리된 이전의 인간성은 불멸의 심장에 남은 채로, 더이상 인간이 아닌 죄악의 상징이 되는 저주를 받는다.

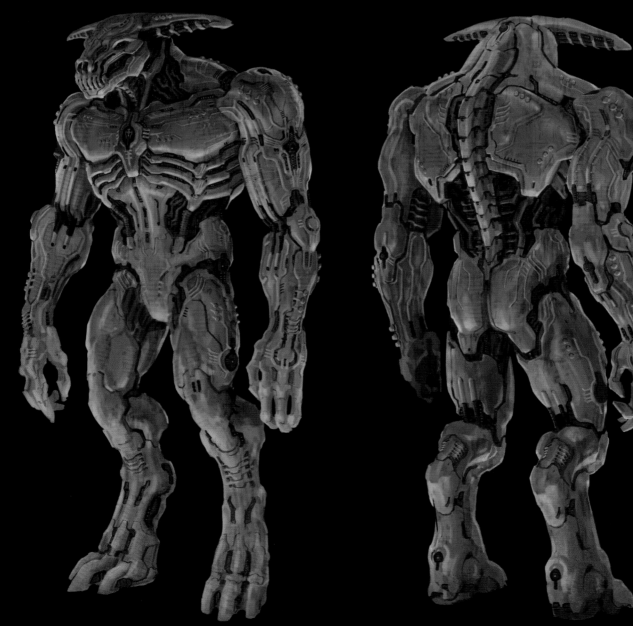

[옆 페이지] 죄악의 상징 / [위] 죄악의 상징 사전 시각화 / [아래] 죄악의 상징 갑옷 버전-알렉스 팔마

지옥의 타이탄-존 레인

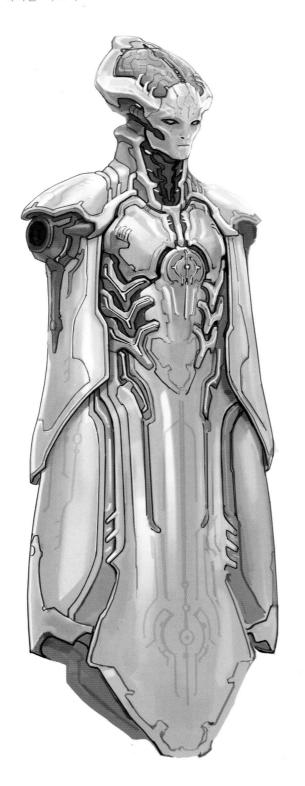
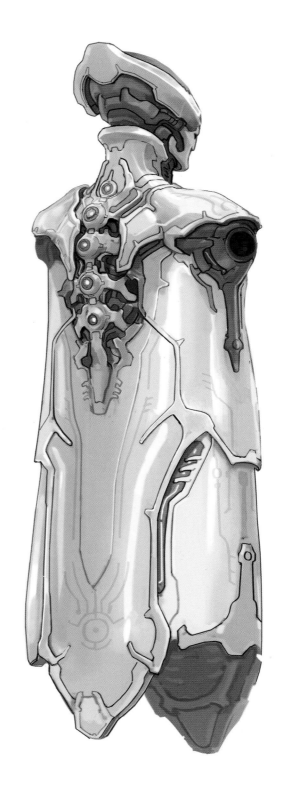

메이커

메이커들이 처음으로 아전트인들에게 모습을 드러냈을 때는 신성한 존재로 여겨졌다. 천상에서 내려온 이 신비로운 종족은 그들에게 영원한 평화를 제안하며 기술이라는 선물을 가지고 왔다. 이 기술은 훗날 센티넬 세계를 탈바꿈시키고 기술적 번영을 누리는 새 시대를 열게 했다.

신과 같은 능력을 보유한 메이커들은 불멸의 존재도, 전지전능한 존재도 아니다. 메이커들은 더 위대한 힘을 추구하던 중 아전트 에너지를 발견하고 수명을 연장할 수 있는 능력이 생겼다. 메이커들은 아전트 에너지를 사용해서 자연적인 노화 현상을 지연시킬 수는 있었지만, 시간이 흐르면서 유기적인 신체는 변화하고 저하될 수밖에 없었다. 죽음을 맞는 메이커는 '화합'이라고 알려진 의식을 치르는데, 몸은 남겨지고 영혼은 고향인 우르닥에 수용된 집단적 의식에 합류한다.

집단적 의식은 모든 메이커가 연결된 신경망 매트릭스로서, 집단적 의식이 창조된 이래로 줄곧 메이커 종족의 창시자인 '아버지'의 생명력에 의존해왔다.

[옆 페이지] 메이커 -알렉스 팔마 / [위] 메이커 구상화 스케치 -에머슨 텅

메이커 구상화 스케치–에머슨 텅

[위] 메이커 구상화-에머슨 팅 / [아래] 메이커 변형 모델-알렉스 팔마

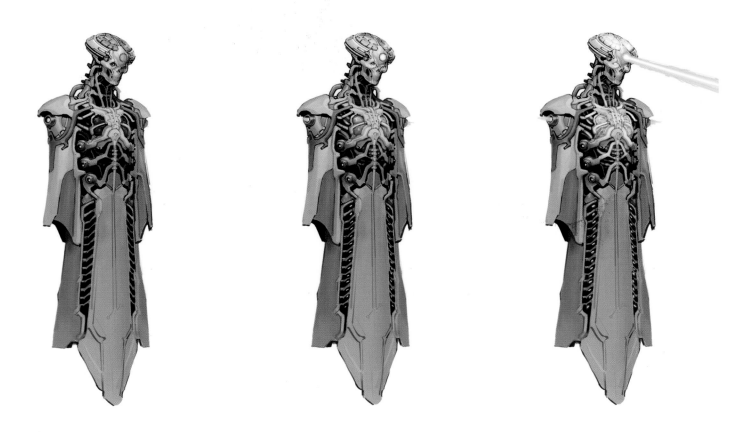

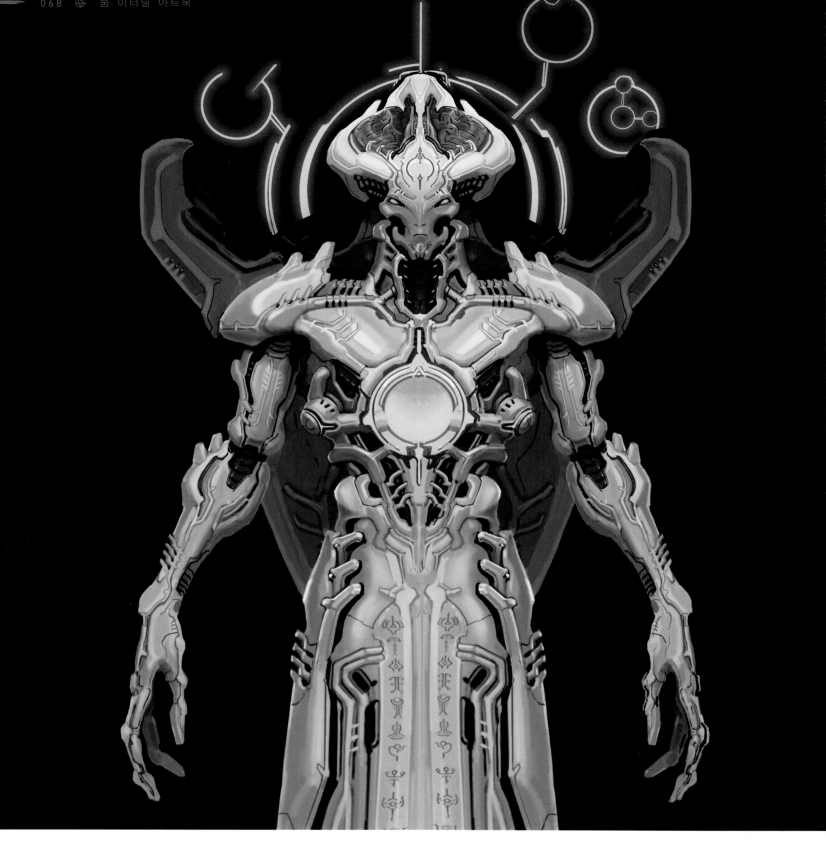

칸 메이커

메이커의 집단적 의식인 특이성은 1만 년 주기로 칸 메이커를 생산한다. 칸 메이커는 다음 칸이 태어날 때까지 우르닥 전체를 이끄는 운명을 타고난 최상위 존재다. 특이성은 삶을 영위하다 죽은 모든 메이커의 의식인 영혼 데이터를 보유하고 있으며 이 데이터를 처리하고 정제하는 과정에서 선택적 진화가 이루어진다. 모든 메이커가 상호 연결된 집단적 의식 신경 매트릭스의 최상위에 칸 메이커가 존재하기 때문에 개별적

으로 메이커들이 공유 의식의 집단적 명령을 거부하거나 칸 메이커에게 불복종하는 것은 물리적으로 불가능하다. 이 체계는 우르닥 탄생 이후 지금까지 단 한 번의 오류 없이 작동해왔다. 하지만 '아버지'가 사라진 뒤 칸 메이커의 혈통을 이을 후계자를 양산하는 일이 불가능해지면서 현존하는 칸 메이커가 무한정 왕좌를 차지하게 되었다.

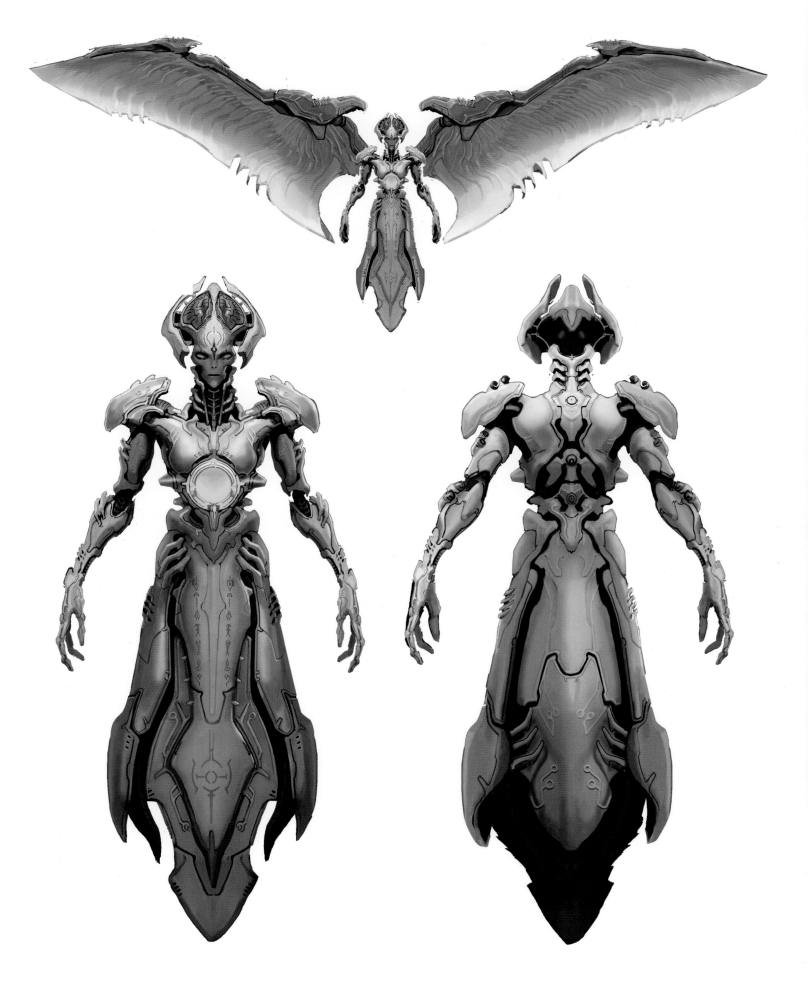

[옆 페이지] 칸 메이커 / [위] 칸 메이커 구상화-알렉스 팔마

마라우더

아전트 드'누르가 내전으로 인해 파괴되면서 센티넬 군대의 전사 부족들은 혼란에 빠진다. 그중에서 가장 환멸을 느낀 집단은 왕에게 한 충성 맹세를 저버리고 센티넬 왕가에 등을 돌린다. 이런 결심을 한 전사들은 고위 사제 계급이 이끄는 분리주의자 집단에 합류해 메이커들과 그들을 따르는 열성적인 지지자들과 함께 센티넬 왕족들을 상대로 반란을 시도한다. 메이커들과 한편에서 싸우다 전사한 센티넬들에게 죽음은 마지막이 아니었다. 지옥과 메이커 기술의 부정한 융합으로 부활한 이 센티넬 전사들은 둠 슬레이어를 사냥한다는 단 하나의 목적을 위해 지옥의 힘으로 변형되어 지옥 군대의 마라우더 기사로 재창조되었다.

[옆 페이지] 마라우더 / [위] 마라우더 구상화-에머슨 텅

마라우더 구상화-에머슨 텅

마라우더 렌더링-제이슨 마틴(Jason Martin)

3장
저주받은 세계

지구와 화성의 UAC 시설 사이에 교신이 완전히 단절된 뒤, UAC 소장 새뮤얼 헤이든은 지구로 돌아와 동맹국을 지원하면서 지옥의 침공에 대항하는 작전을 짠다. 전투가 시작된 지 한 달 만에 세계 인구 상당수가 사망하면서 사실상 인간이 설계한 체제가 거의 붕괴하는 상황에 이른다. 군사적 대응이 전무한 가운데 민간인들은 외부와의 통신이 단절된 요새화된 기지로 간신히 피신한다.

하지만 적의 맹공격을 받은 임시 요새는 점점 더 거세지는 악마의 위력에 하나씩 무너진다. 악마의 침공 직후 수십만 명의 생존자들은 안전하게 궤도 밖으로 대탈출을 감행했지만, 구조선 안의 극저온 상태에 있는 승객들의 생존율은 매우 낮은 것으로 알려졌다. 악마 군단의 공세로 지구는 파멸될 위기에 처하게 되고, 인간 문명을 수호하는 소수의 집단이 악마 군단의 지구 파괴를 막기 위해 애쓴다.

지구에 남아 있는 인간들은 악마에게 점령당하지 않은 지역에서 생존을 위해 필사적으로 몸부림치며 하루하루 잔인한 전투를 이어 나간다. 헤이든은 지구에 있는 UAC 시설을 악마의 침공에 대항하는 최종 방어선으로 변경하는 계획에 돌입하고, 연합국가(AN)와 협력하여 국제 군사 위기 대응 계획인 ARC를 결성한다.

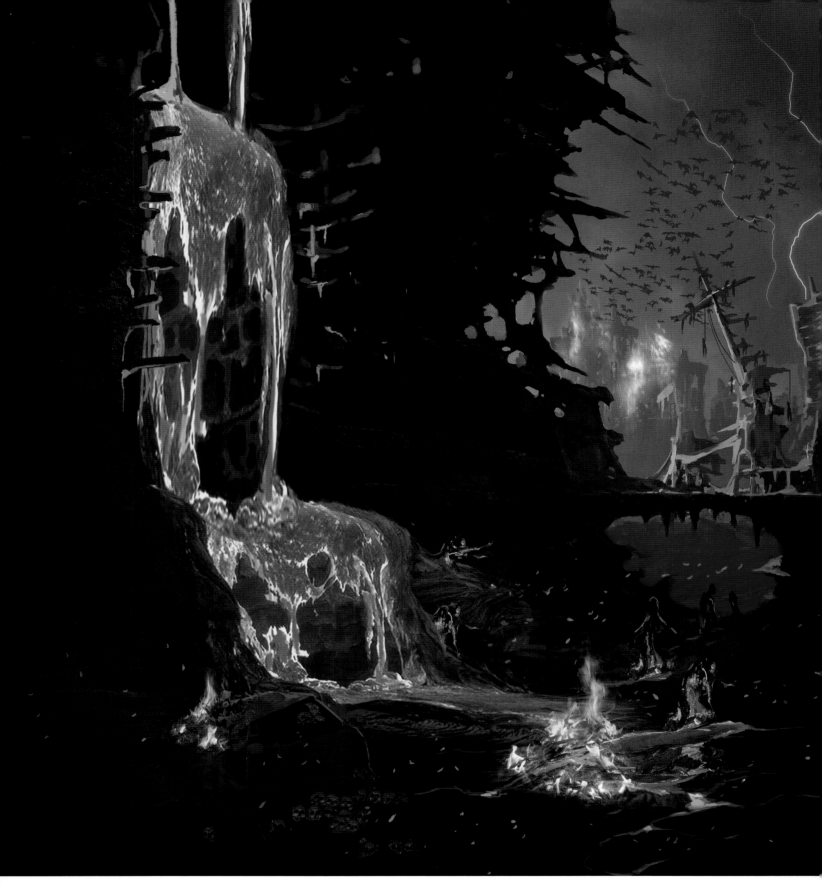

지옥으로 변한 지구

지옥의 세력은 어떠한 경고도 없이 UAC 추종자들이 구축한 경로를 따라 지구로 왔다. 그들이 지구에 도착했을 때 화염과 함께 유황이 솟구쳤다. 하룻밤 새 전투는 전면전으로 번졌고, 국제 방위군은 즉각적으로 행동을 개시했다. 침략군에 맞서 전투를 벌이던 지구의 군대는 피비린내 나는 가혹한 생존 전쟁에서 공동의 적에 맞서기 위해 연합한다. 전쟁을 시작한 지 한 달 만에 사망자는 수십억 명에 달했고, 인류 문명이 붕괴하면서 지구는 혼돈에 빠진다. 지구의 연합군은 최첨단 기계로 무장한 보병대와 전투용 로봇을 동원했지만, 그 어떤 것도 지옥 군대의 맹공을 막을 수 없었다.

지옥으로 변한 지구—에머슨 텅

[위] 지옥으로 변한 지구-콜린 겔러(Colin Geller)

[위] 파괴된 지하철 / [아래] 열차 콜아웃–마티아스 아스텐발드(Mattias Astenvald)

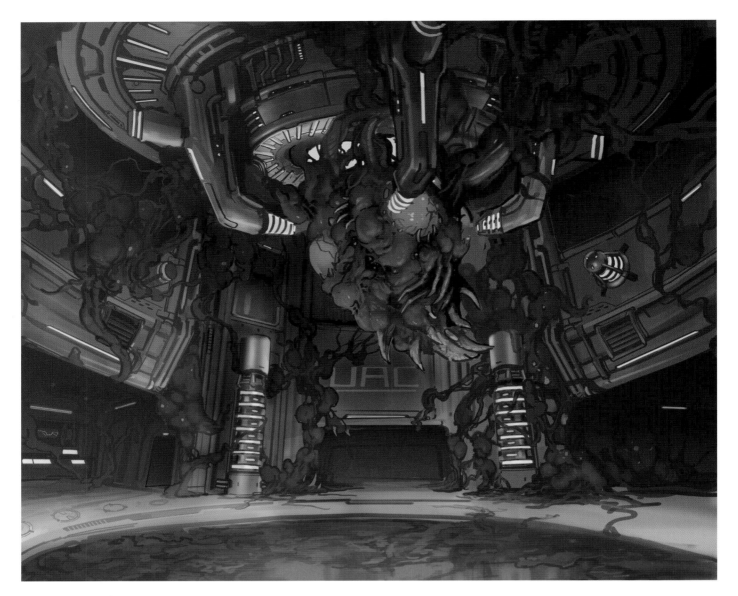

[위] 고어 네스트 심장부 내부 / [아래] 고어 네스트 외부-알렉스 팔마

고어 네스트 구상화-알렉스 팔마

[맨 위] 은행 내부-콜린 겔러 / [가운데] 아전트 타워 내부-이선 에번스(Ethan Evans) / [아래] 쇼핑몰 내부-콜린 겔러

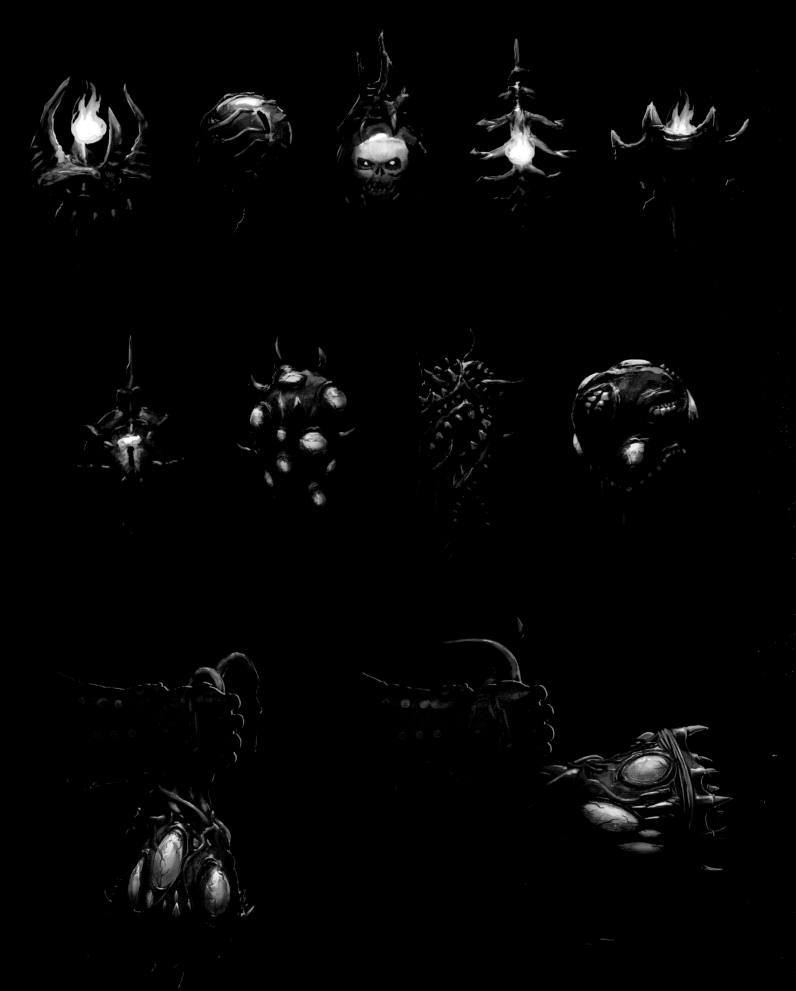

고어 열쇠 구상화─이선 에번스

[위] 아전트 타워 / [아래] 지구 전경-콜린 겔러

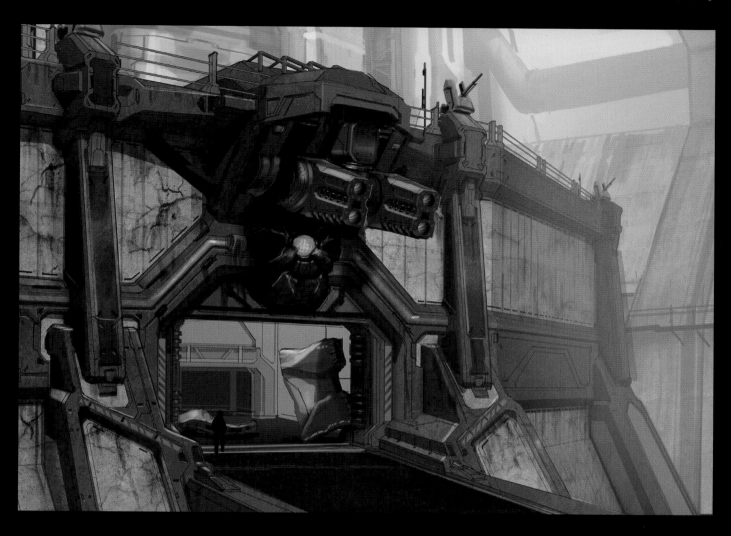

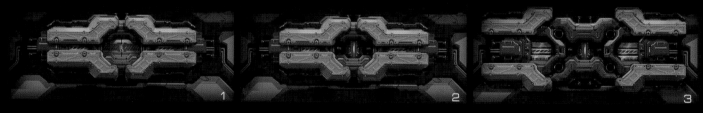

1   2   3

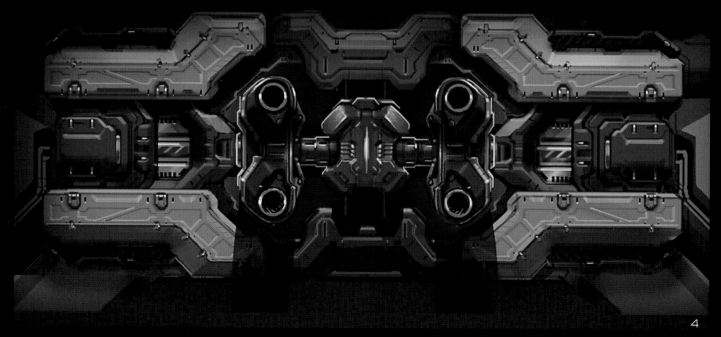

4

자동화된 포탑–콜린 겔러

[위] 아전트 타워 구상화-콜린 겔러 / [아래] 지구 전쟁 구상화-에머슨 텅

[맨 위] 아전트 타워 외부 / [가운데] 도시의 거리 / [아래] 주차장 내부—콜린 겔러

[맨 위] 사무실 내부–마티아스 아스텐발드 / [가운데] 아전트 타워 로비–이선 에번스 / [아래] 정비 구역–에머슨 텅

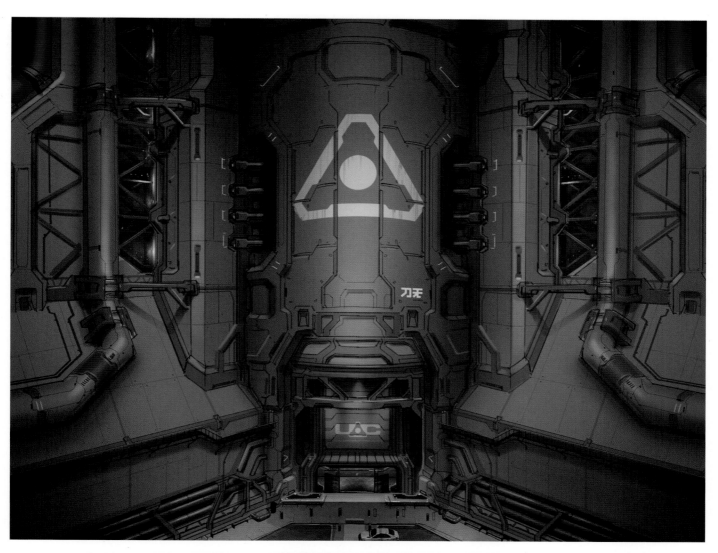

[위] 아전트 타워 입구-콜린 겔러 / [아래] 아전트 타워 내부-에머슨 텅

ARC 군사들을 지휘하는 새뮤얼-존 레인

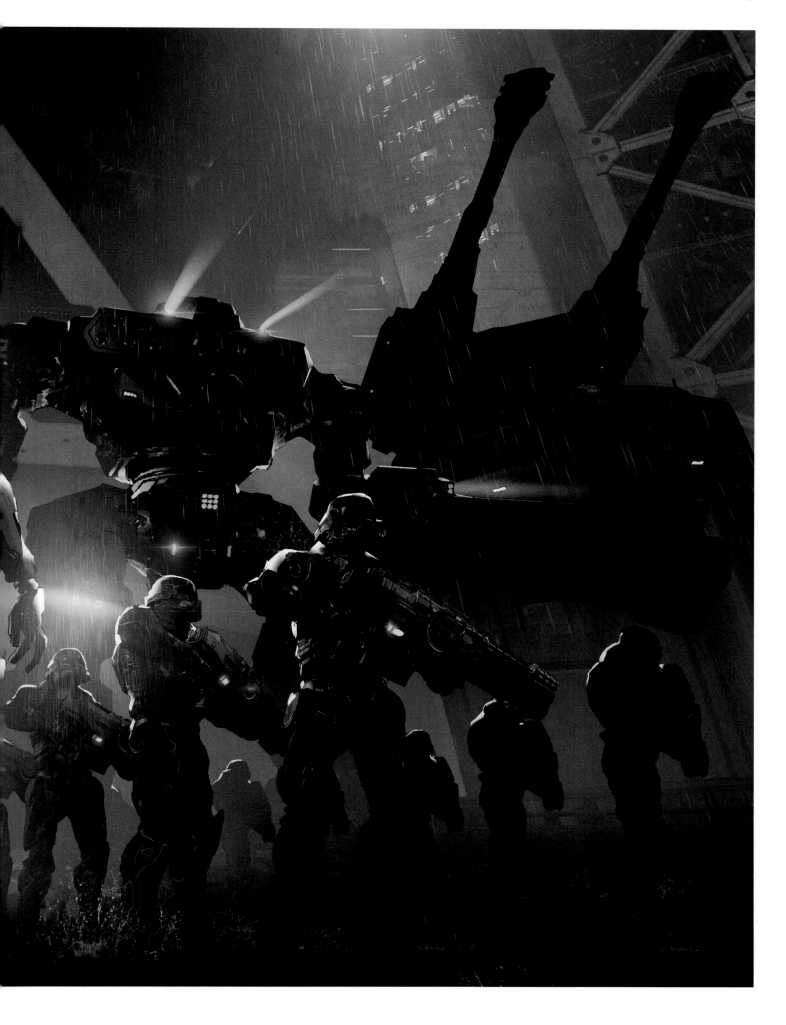

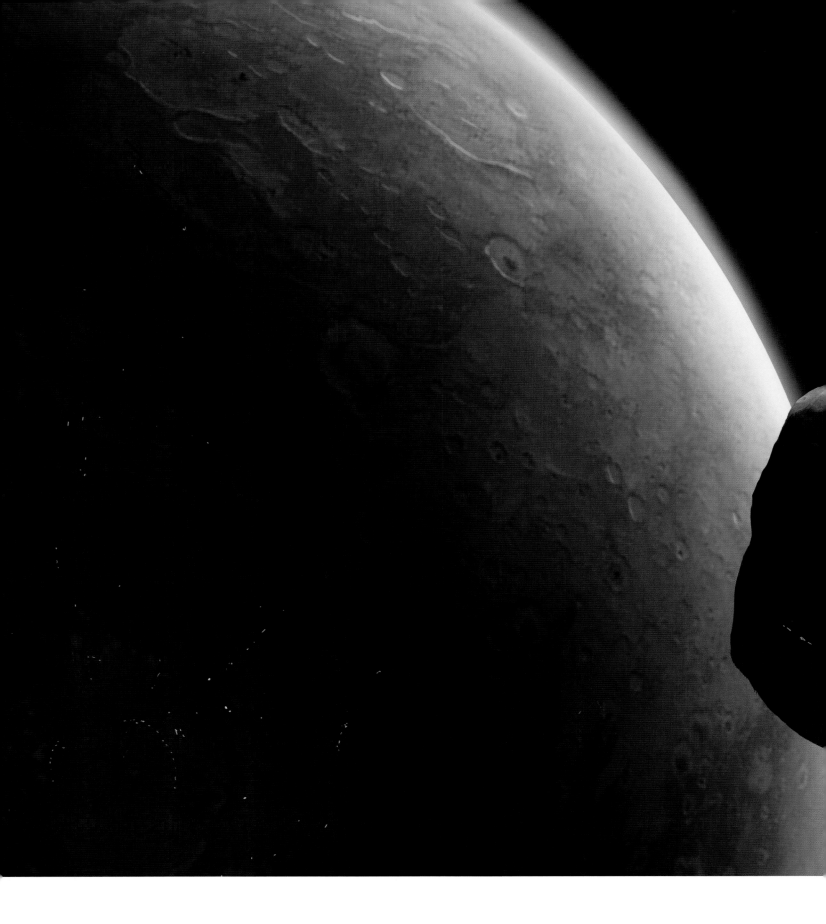

포보스

원래는 채굴과 통신 중계를 목적으로 지어진 UAC의 포보스 전초 기지
는 화성에서 아전트 시설이 파괴된 직후 확장을 시작했다. UAC 이사회
는 화성과 주변 영공의 통제권을 유지하기 위해 광범위한 방어 플랫폼을
건설했다. BFG-9000에서 파생된 기술이 첨가된 도면에는 거대한 입자

빔 기관포가 달린 위성이 궤도를 선회하도록 설계돼 있다. 그 결과 인간
이 만든 무기 플랫폼 중 가장 거대한 BFG-10000이 탄생했고, 현존하
는 가장 정교한 캐피털급 전함인 FTL 크루저와 함께 향후 우주까지 뻗
칠 수 있는 악마의 공격을 막아내기에 충분한 화력을 보유하게 되었다.

포보스 전경-콜린 겔러

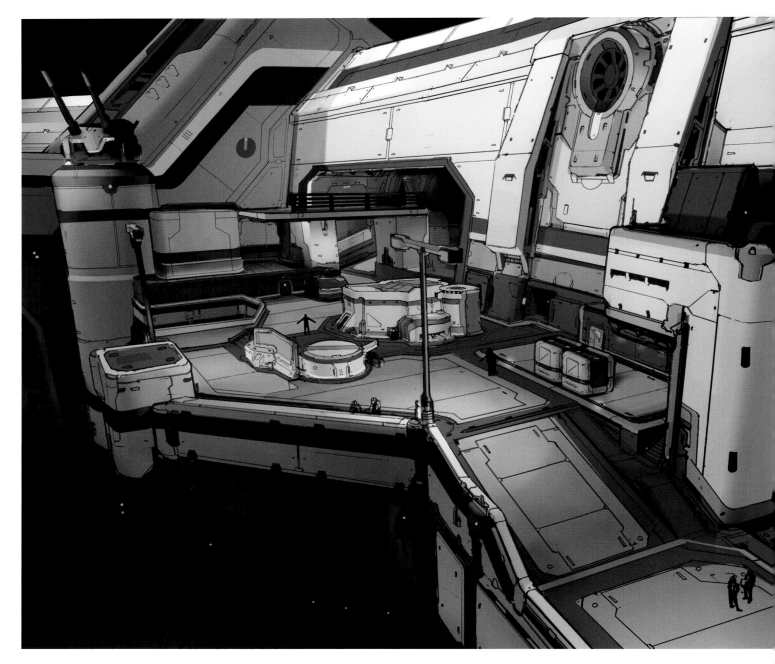

[위 왼쪽] 포보스 내부 / [위 오른쪽] BFG-10000-브라이언 플린(Bryan Flynn) / [아래 왼쪽] 파괴된 내부-마티아스 아스텐발드

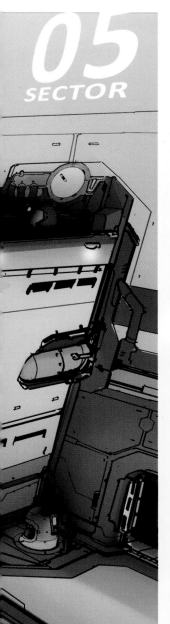

05
SECTOR

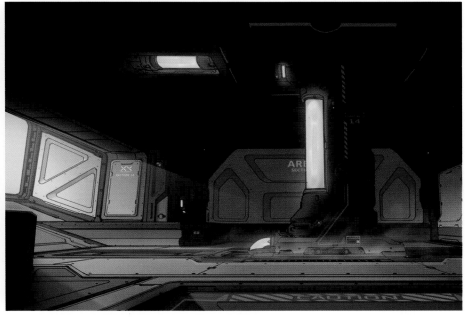

[아래 가운데] 포보스 외부 / [아래 오른쪽] 포보스 내부-브라이언 플린

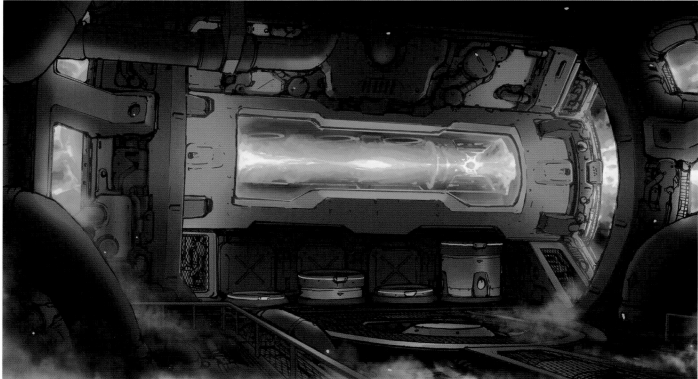

포보스 기지 내부-브라이언 플린

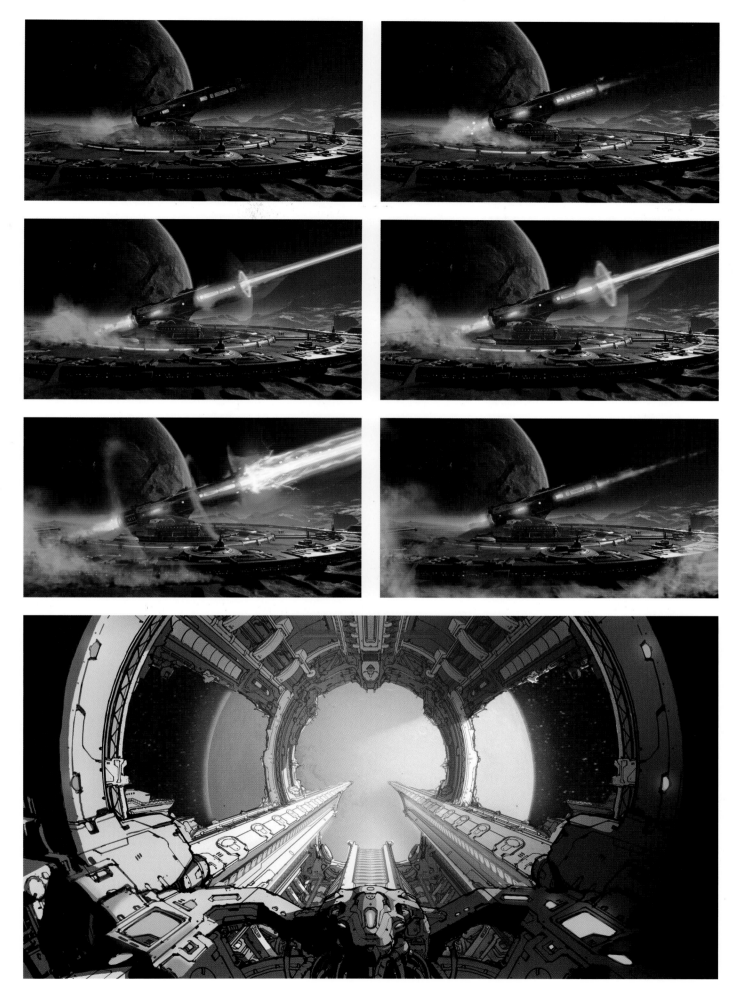

[위] BFG-10000 발사 장면 / [아래] BFG-10000 내부-브라이언 플린

[위] 포보스 격납고-콜린 겔러 / [가운데] 포보스 제어실-이선 에번스 / [아래] 포보스 컨트롤타워-마티아스 아스텐발드

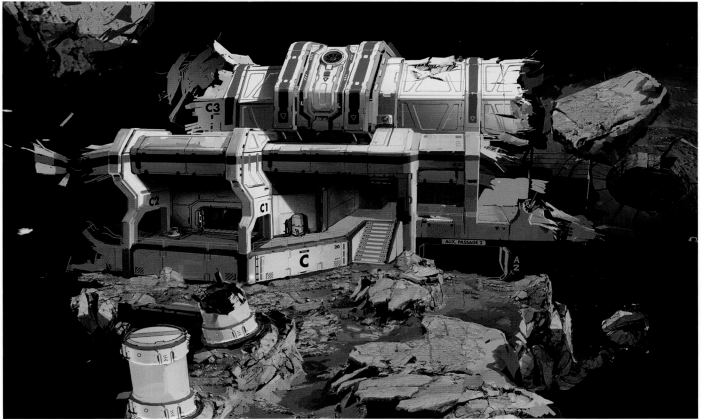

[위] 화성의 핵 전경-에머슨 텅 / [아래] 파괴된 UAC 건물-마티아스 아스텐발드

화성의 핵-에머슨 텅

[위] 탈출선 / [왼쪽 아래] 탈출선 격납고-이선 에번스

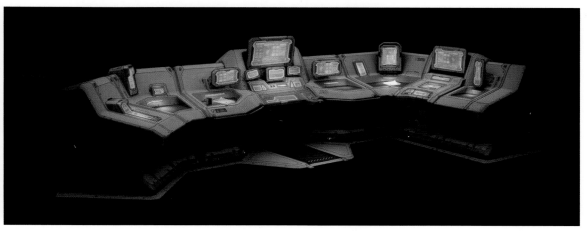

[오른쪽 가운데] 순간이동 장치 / [오른쪽 아래] 제어판 콜아웃-이선 에번스

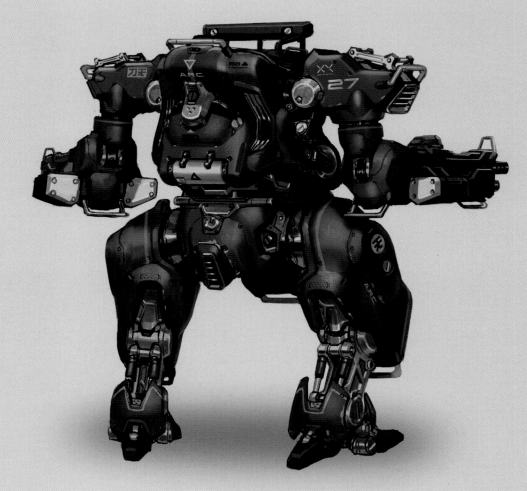

ARC 전투 로봇—에머슨 팅

ARC 초대형 전투 로봇-에머슨 팅

아전트 드'누르

밤의 감시단은 수백 년간 감시자들의 왕국에서 수호자와 파수꾼 역할을 했다. 그들의 고향 아전트 드'누르는 상당수가 미지로 남아 있는 행성으로, 아직 발견되지 않고 아무도 살지 않는 지역이 곳곳에 남아 있다. 무시무시한 야수와 원시적인 악마들이 들끓지만 가치 있는 자원들이 풍부하다.

센티넬 사람들에게 평화란 스스로 구축한 것이자 삼엄한 경계를 통해 지켜낸 것이다. 이러한 삶의 방식은 태초 이래 시작되었지만, 스스로를 '메이커'로 부르는 종족이 출현한 뒤 갑자기 모든 것이 바뀌어 이전으로 되돌아갈 수 없게 되었다. 기술이라는 선물과 사후 세계라는 약속을 가지고 찾아온 메이커들은 조금씩 센티넬 사회에 스며들면서 이들의

센티넬 전경—알렉스 팔마

전통을 바꾸고, 현재의 권력 구조를 재정립하겠다는 야심을 내비친다. 메이커들은 지옥의 유일한 동력이라고 믿는 아전트 에너지를 차지하기를 갈망하는데, 이 무한한 자원을 얻기 위해 센티넬 사람들을 전쟁으로 이끌 방법을 모색한다. 갈등이 최고조에 이르면서 본질적으로 상이한 센티넬 부족 사이에서 유혈이 낭자한 내전이 일어나고 이로 인해 결국 아전트 드'누르는 파괴되어 폐허가 되고 만다.

센티넬 전쟁터 구상화-알렉스 팔마

[위] 센티넬 출입구-알렉스 팔마 / [아래] 센티넬 회당-콜린 겔러

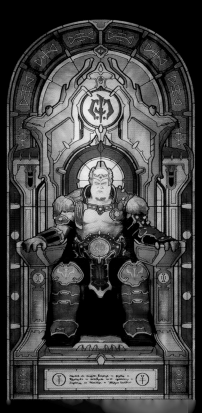

[위] 왕좌-이선 에번스 / [아래] 왕의 알현실-콜린 겔러

[위] 센티넬 도시 / [아래] 센티넬 왕의 알현실–콜린 겔러

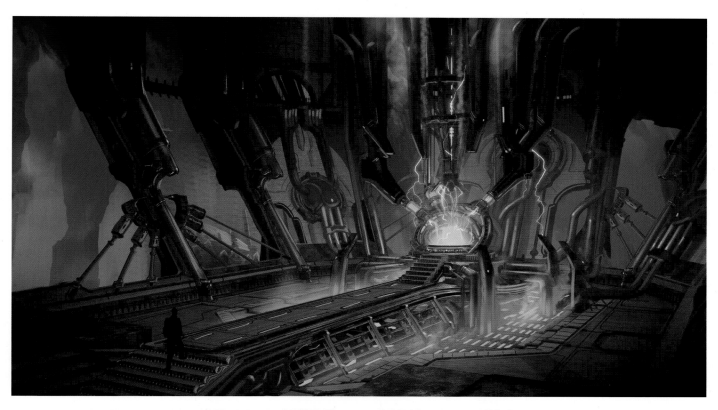

[위] 동력실 / [가운데] 슬레이어 창조실 / [아래] 무기고-콜린 겔러

[위 왼쪽] 허브 관제실 / [아래 왼쪽] 지도실 구상화–콜린 겔러 / [아래 가운데] 허브 구상화–알렉스 팔마 / [오른쪽] 허브 내부–에머슨 텅

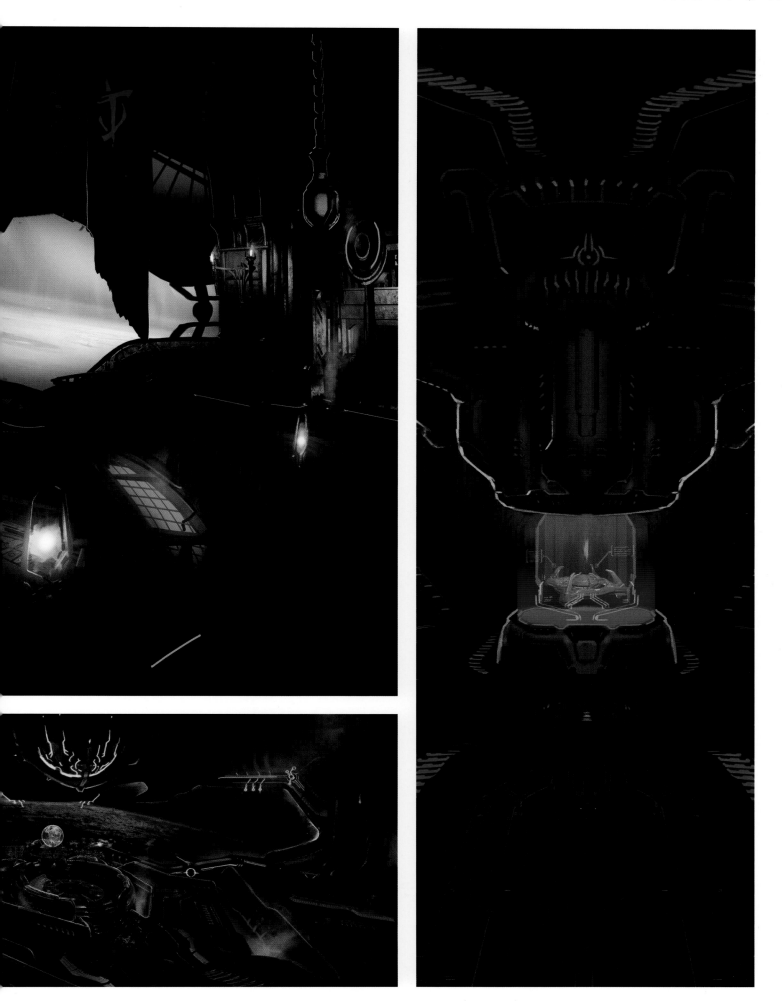

[위 왼쪽] 센티넬 정면 / [위 오른쪽] 콜로세움 외관 / [아래 왼쪽] 원탁의 방 / [아래 오른쪽] 센티넬 문–알렉스 팔마

[위] 죄악의 상징 아레나-알렉스 팔마 / [가운데] 아레나-콜린 겔러 / [아래] 화성의 핵-브라이언 플린

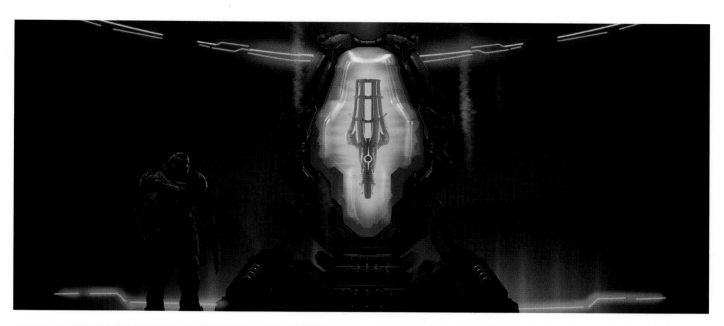

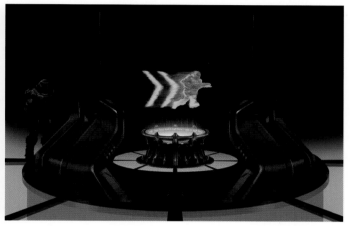

[위] 언메이커 관 / [가운데 왼쪽] 점프 패드 / [가운데 오른쪽] 대시 파워업 / [아래] 블러드 펀치 제단–콜린 겔러

[위] 슬레이어 문 / [아래] 슬레이어 문 열쇠-이선 에번스

[위] 슬레이어 방 / [아래] 원형 제단-알렉스 팔마

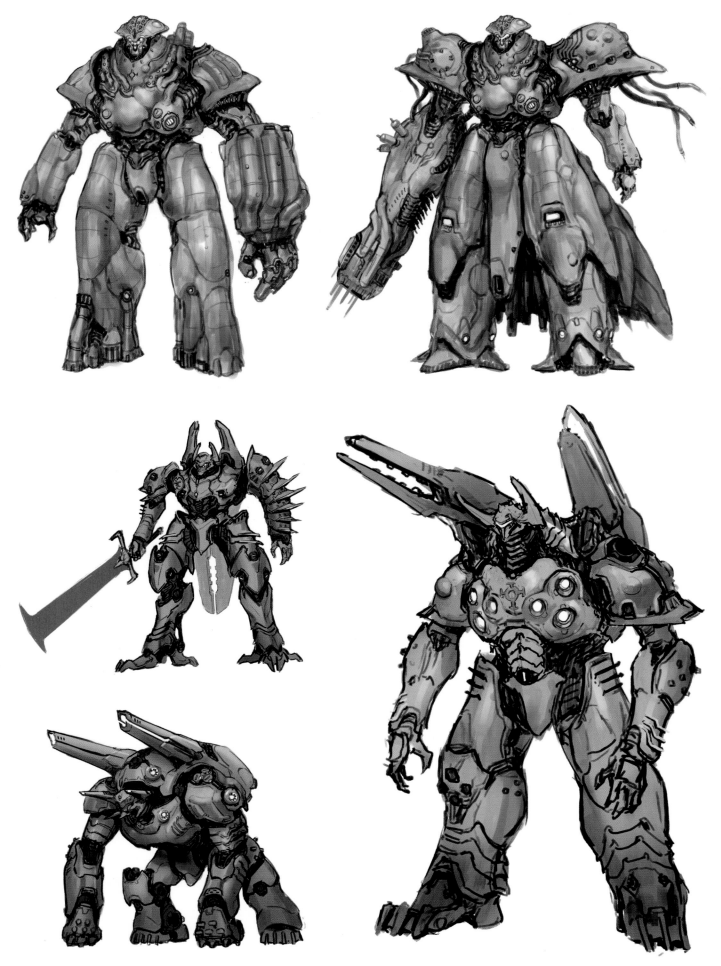

센티넬 전투 로봇 구상화-에머슨 텅

센티넬 전투 로봇-에머슨 텅

허브 외관—콜린 겔러

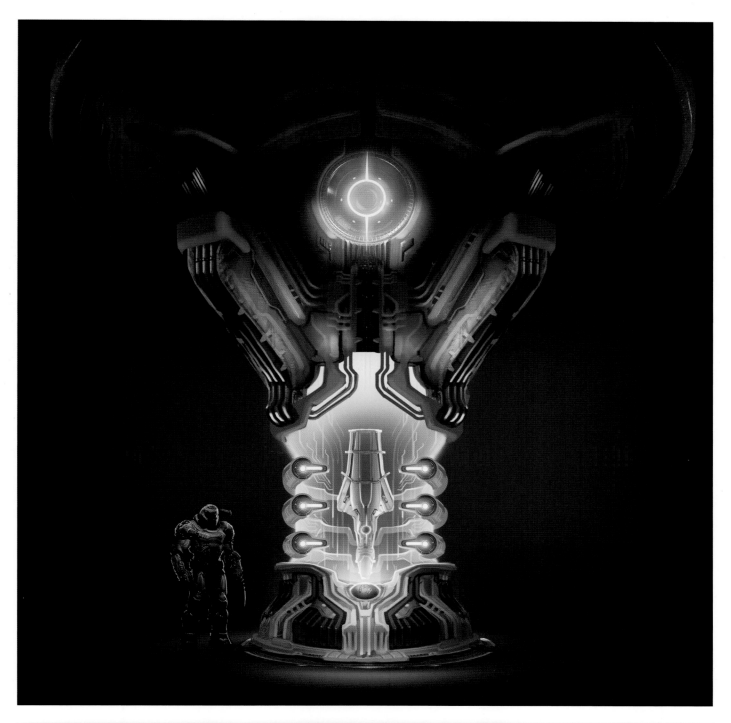

[위] 허브 언메이커 관 / [아래] 스카이박스-콜린 겔러

우르닥

우르닥은 공중에 떠 있는 메이커 종족의 수도다. 초월적 기술의 중심지로 우르닥의 모든 지역은 메이커 경전에서 성스러운 물질로 알려진 아전트 에너지를 정제해 동력으로 삼는다. 오랜 세월 아전트 에너지를 사용하면서 메이커들은 차츰 변형되었고, 자신들의 공유 의식을 점점 진화시켰다.

메이커 전설에 따르면 우르닥은 메이커 선조들의 영혼으로 만들어진 생물체다. 태초의 유일한 메이커였던 '아버지'가 사망하면서 영혼을 백 개의 의식 형태로 나누어 최초의 메이커 사회를 만든 것으로 기록돼 있다.

메이커의 고향-에머슨 텅

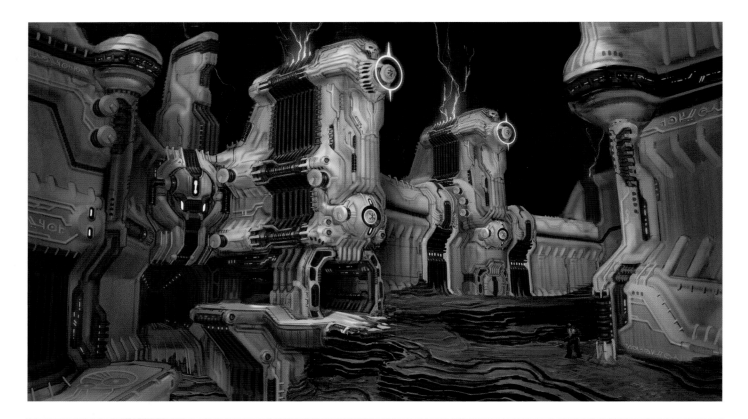

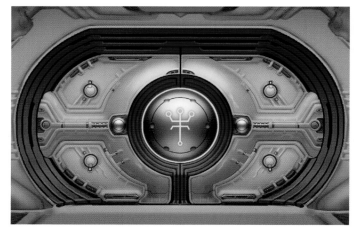 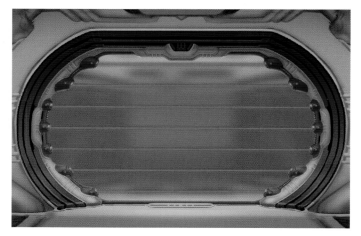

[위] 메이커 외관 / [가운데] 메이커 정면-에머슨 텅 / [아래] 메이커 문-이선 에번스

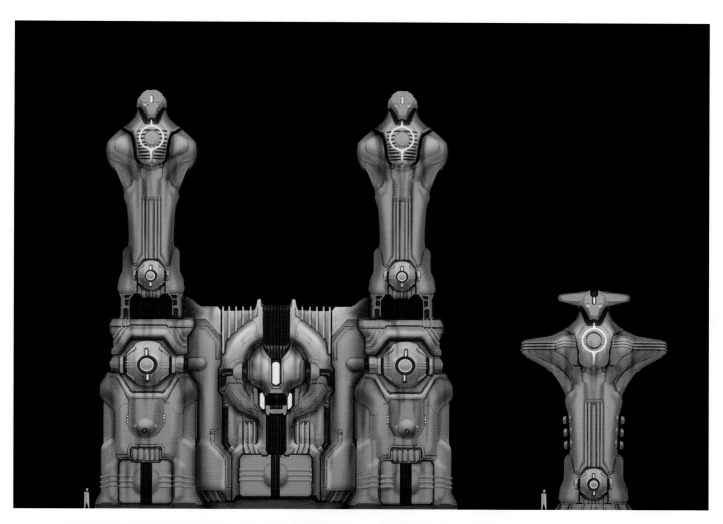

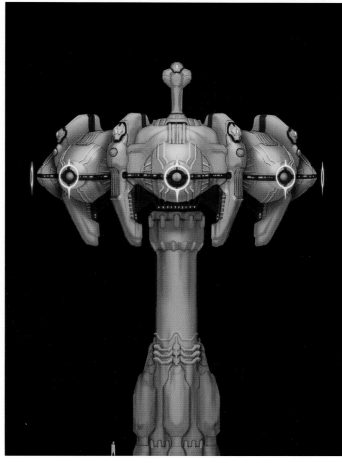

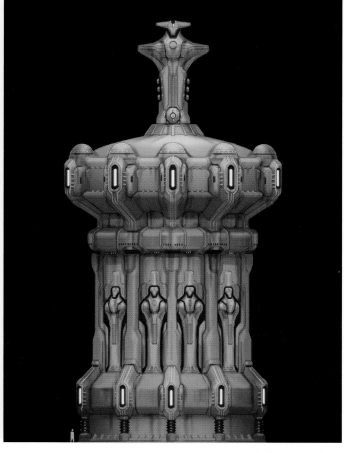

메이커 건축 양식–에머슨 텅

메이커 동면실-에머슨 텅

[위 왼쪽] 메이커 부동 벽-조 마르키스(Joe Marquis) / [위 오른쪽] 메이커 콘솔-에머슨 텅 / [아래] 메이커 룬문자-알렉스 팔마

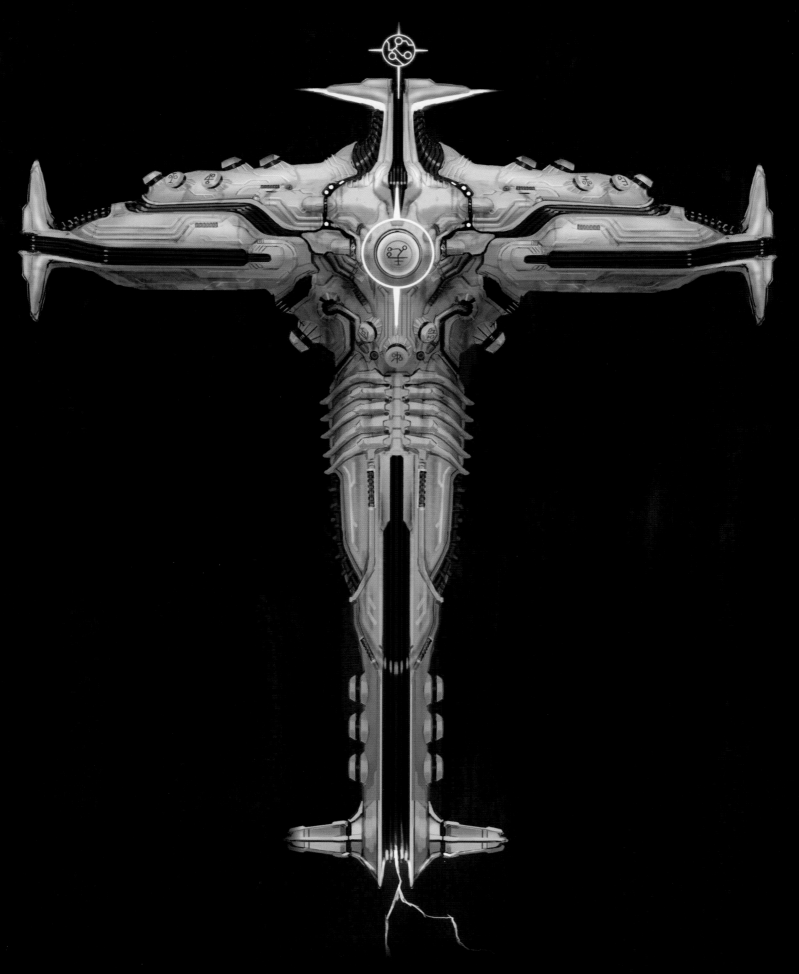

메이커 아크엔젤–에머슨 텅

추종자 거주지

화성에서 발생한 사건 이후 UAC는 파벌로 나뉘어 대립하게 되었다. 지옥 차원의 포털을 활용하기 위한 방법을 모색하던 중, 지옥에 대한 연구와 실험을 해오던 UAC 비밀 연구 조직이 때마침 지옥의 힘에 접근하게 되면서 악마에게 이르는 경로가 열린다. 지옥의 힘에 타락한 이들은 악마와 결탁해 UAC에서 떨어져 나와 지구에 자신들만의 근거지를 세운

다. 초기 지하의 라자루스 시설에서 출발한 이 비밀 조직은 오컬트 사상에 기반을 두었는데, 고대 악마 신들에게 의례에 따라 희생양과 피의 제물을 바치는 광적인 추종자 집단으로 빠르게 변질됐다. 악에 사로잡힌 광신도들은 지옥에 복종하는 껍데기뿐인 인간이 되어서 결국 지옥의 사제 디아그 라나크의 명령에 복종하는 존재가 된다.

추종자 제단—존 레인

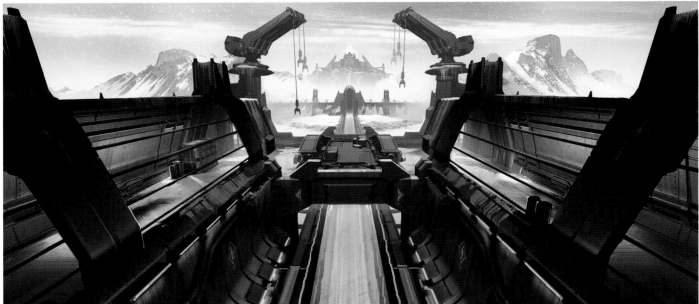

[위] 추종자 거주지 입구 / [가운데] 추종자 거주지 야적장 / [아래] 추종자 거주지 내부-존 레인

[위] 기관실 / [아래] 죽음의 구덩이-존 레인

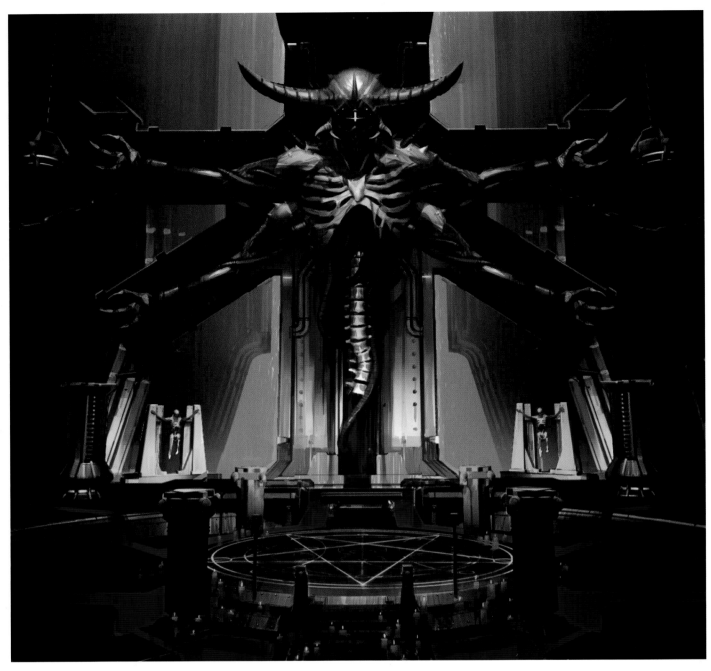

[위] 악마 십자가상 / [아래] 레버넌트 보관실—존 레인

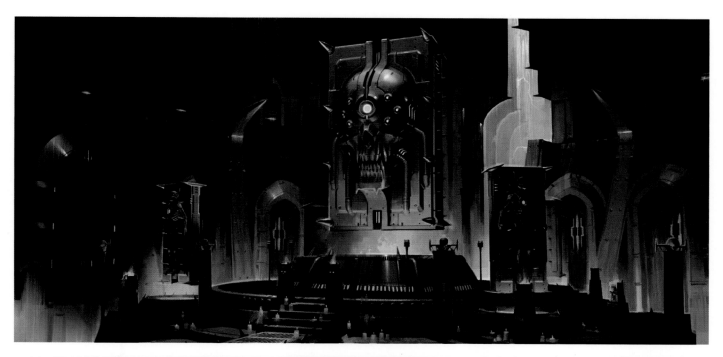

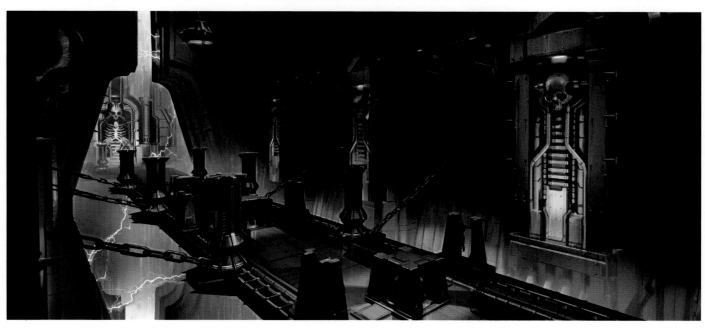

추종자 거주지 내부-존 레인

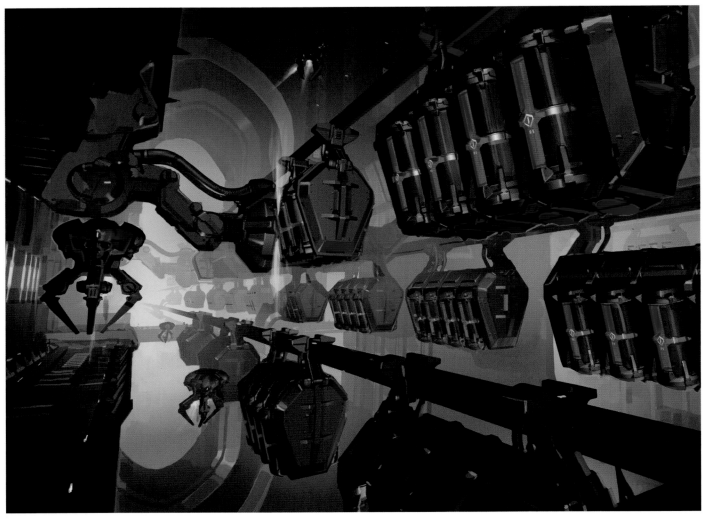

[위] 혈액 수송-존 레인 / [아래] 드론 정비-이선 에번스

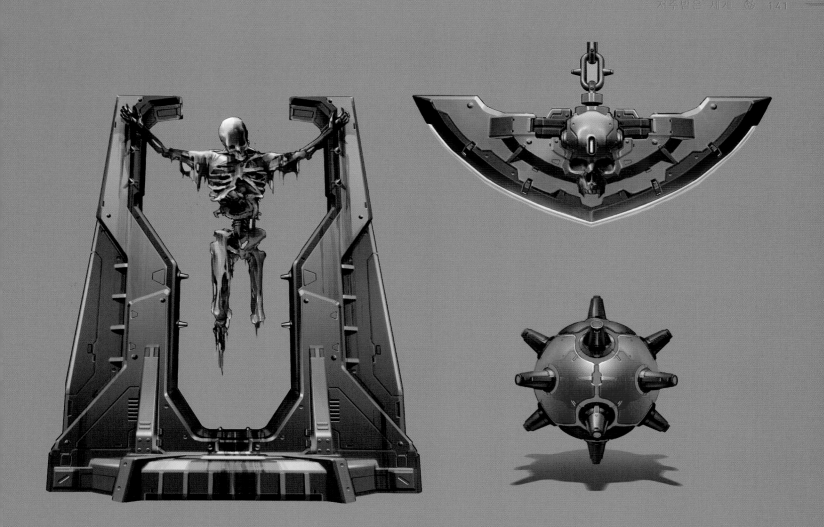

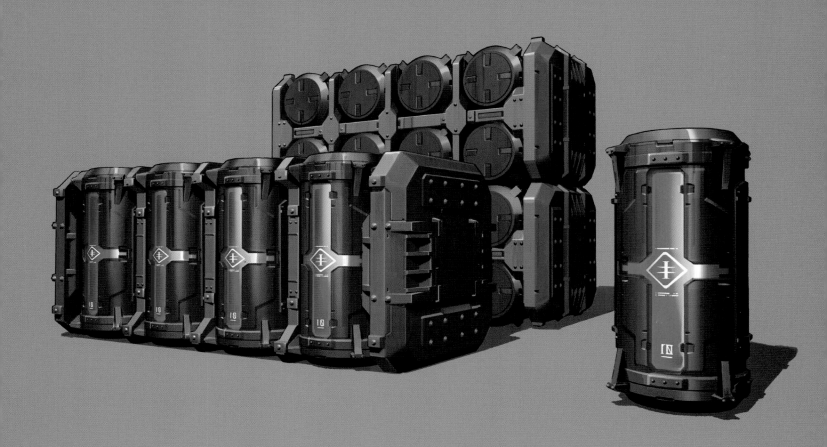

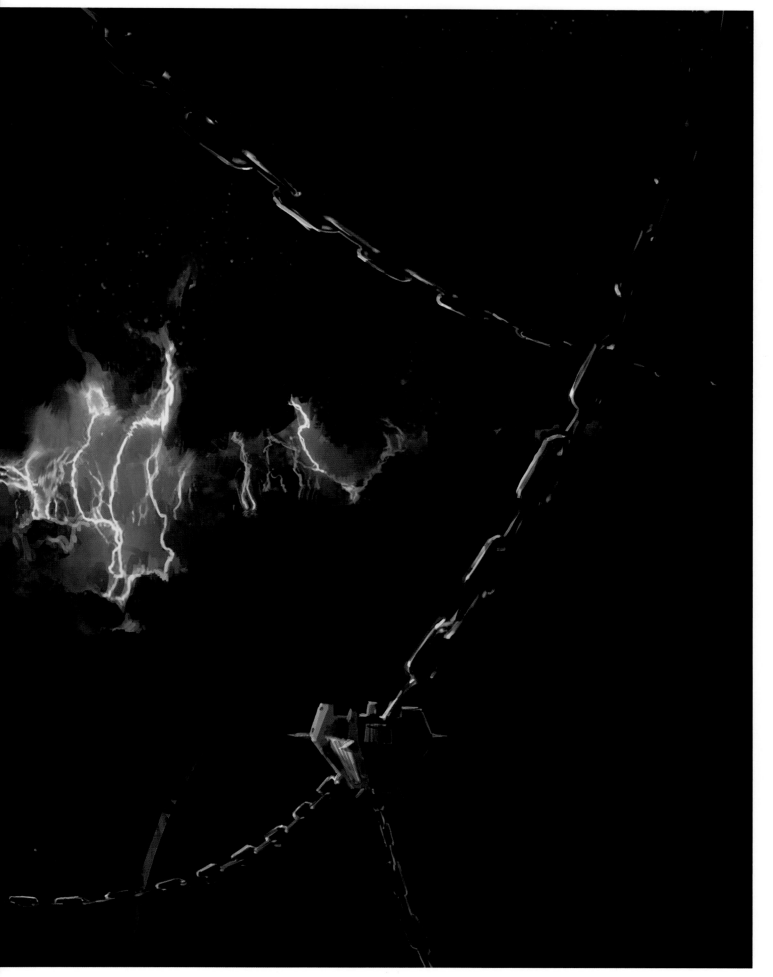

추종자 거주지 구상화—존 레인

지옥

지옥은 혼돈의 힘으로 인해 시간, 공간, 차원의 경계가 무한하다. 지옥은 그 자체가 생명체인 동시에 특별한 감각을 소유한 부정할 수 없는 존재다. 인간 세상과 정반대 개념인 지옥은 생명을 파괴하면서 번성하고 인간 세계에 더 큰 고통과 괴로움을 초래할수록 더욱 강력해진다. 모든 영원의 시간 동안 지옥은 악마의 고대 율법인 '고대 악마 6신 6원칙'에 의해 지배되었는데, 태초의 검은 심장에서 태어난 6개의 불경한 혈통 후

손들이 제정한 법이다. 한 영원의 시간에 존재했던 '이름 없는 자'가 산 자의 영혼을 지배하려는 끝없는 욕망에 사로잡혀서 바깥 세계에서 배신과 고통, 전쟁을 가져왔다. 많은 세계가 지옥에 함락되어 파괴되었으며, 시간과 공간을 초월하는 어둠의 경로로 연결되었다.

지옥문-존 레인

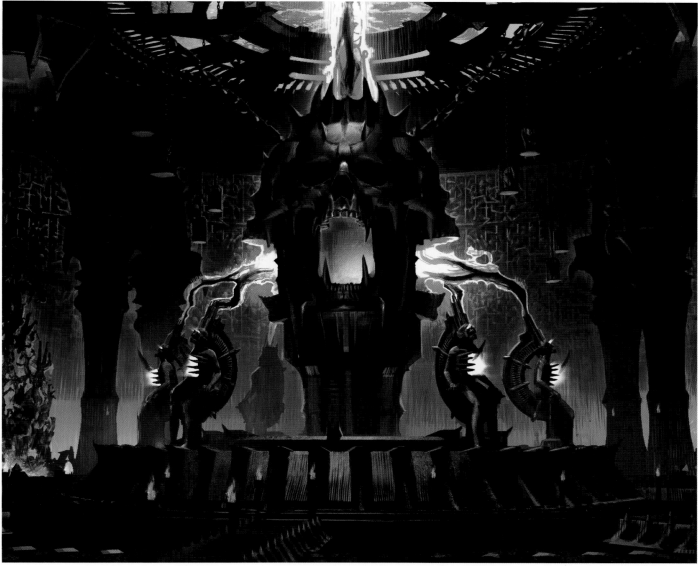

[옆 페이지] 바벨탑 / [위] 탑 입구 / [아래] 영혼 추출기-존 레인

[위] 지옥 전경 / [아래 왼쪽] 영혼 구덩이 / [아래 오른쪽] 고문실–존 레인

[위] 지옥 내부-존 레인 / [아래] 지옥 탑 외관-이선 에번스

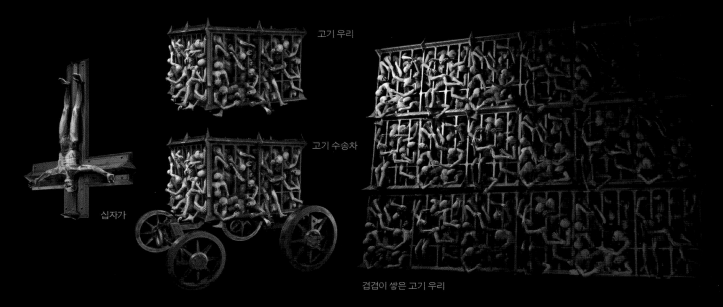

고기 우리

고기 수송차

십자가

겹겹이 쌓은 고기 우리

지옥 소품—존 레인

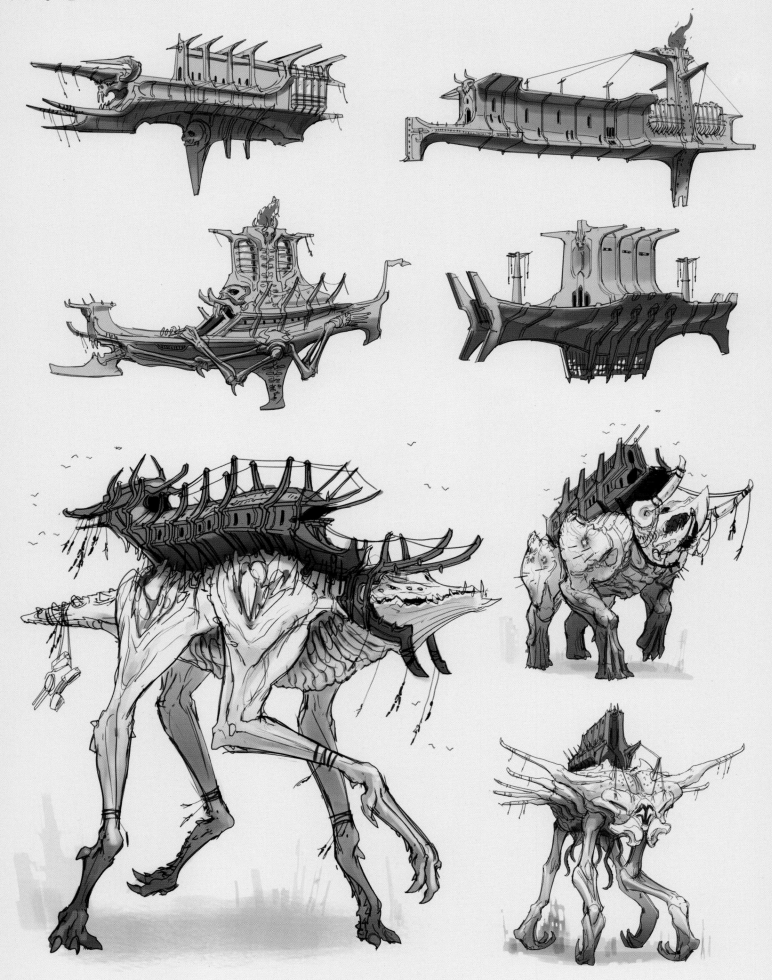

지옥의 바지선 구상화-콜린 겔러

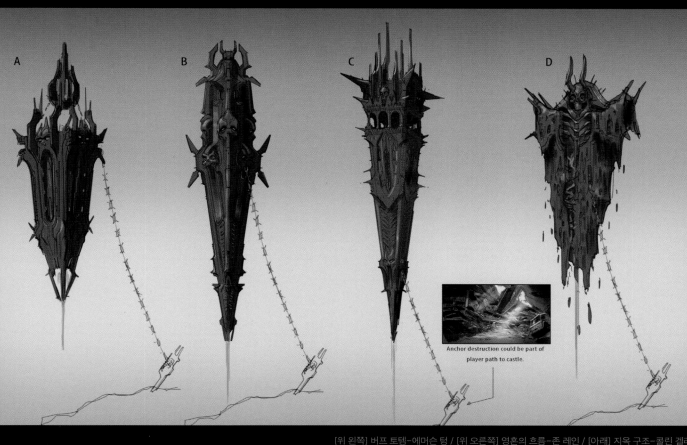

Anchor destruction could be part of player path to castle.

[위 왼쪽] 버프 토템-에머슨 텅 / [위 오른쪽] 영혼의 흐름-존 레인 / [아래] 지옥 구조-콜린 겔러

4장
총공격

악마들의 화성 침공 이후, 새뮤얼 헤이든으로 인해 다른 차원으로 추
방된 둠 슬레이어는 자신이 가지고 있던 무기들을 잃어버리고 말았다.

아무리 무기가 그것을 사용하는 자의 능력에 따라 성능을 발휘한다
고 해도 모든 무기가 동등하게 만들어지는 것은 아니다. 센티넬인을 위
해 단조되는 칼이나 화기는 성스러운 도구로 인식되며, 전투에서 무기
를 사용할 전사의 능력, 방식, 미묘한 특징에 맞춰 제작된다. 센티넬인
들은 자신에게 주어진 무기를 잃어버려서는 안 된다는 전통을 자랑스
럽게 계승하며, 밤의 전사들은 자신의 신성한 무기를 잃어버리는 것을
무엇보다 수치스럽게 여긴다.

베가의 도움을 받아 둠 슬레이어는 행성을 넘나들며 정찰한 끝에 잃어
버린 무기의 위치를 알아내는 데 성공한다. 둠 슬레이어는 되찾은 무
기를 가지고 지옥과 센티넬의 전쟁에 뛰어든다.

[위] 체인건 방패 모드-브라이언 플린

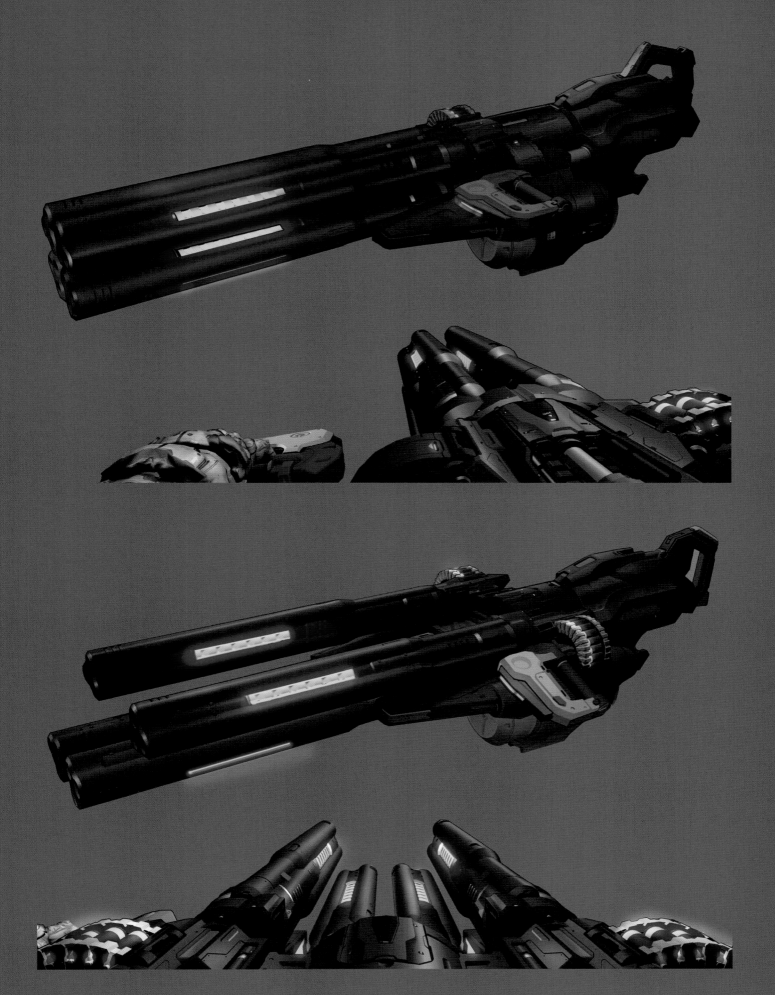

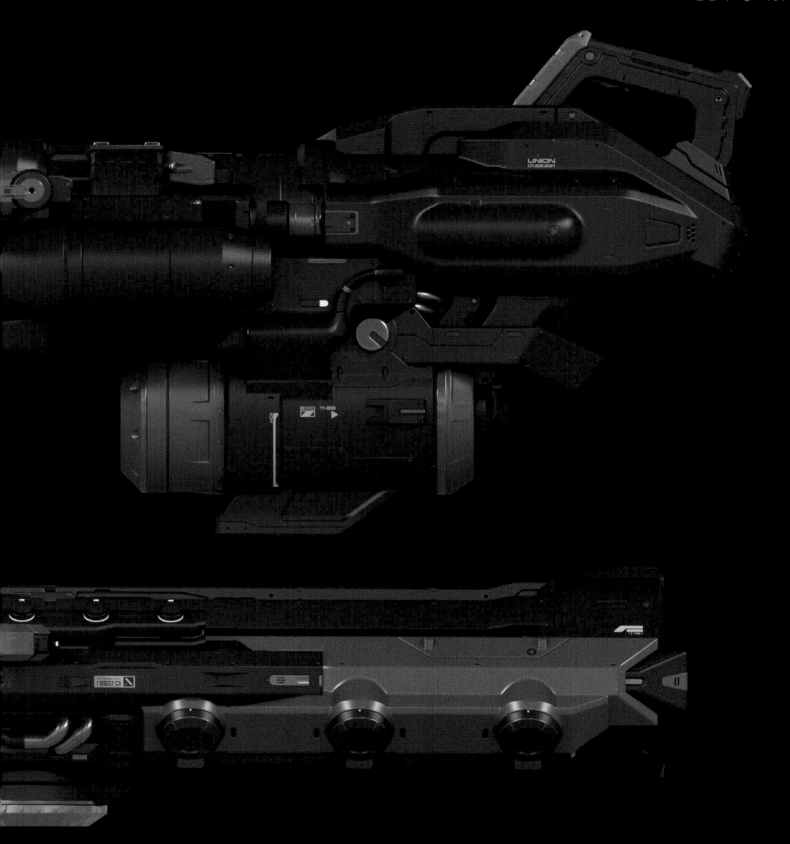

[위] 체인건 렌더링-제이크 에르난데스(Jake Hernandez)

[위] 헤비 캐논 / [가운데] 헤비 캐논 구상화 / [아래] 헤비 캐논 조준경 구상화—콜린 겔러

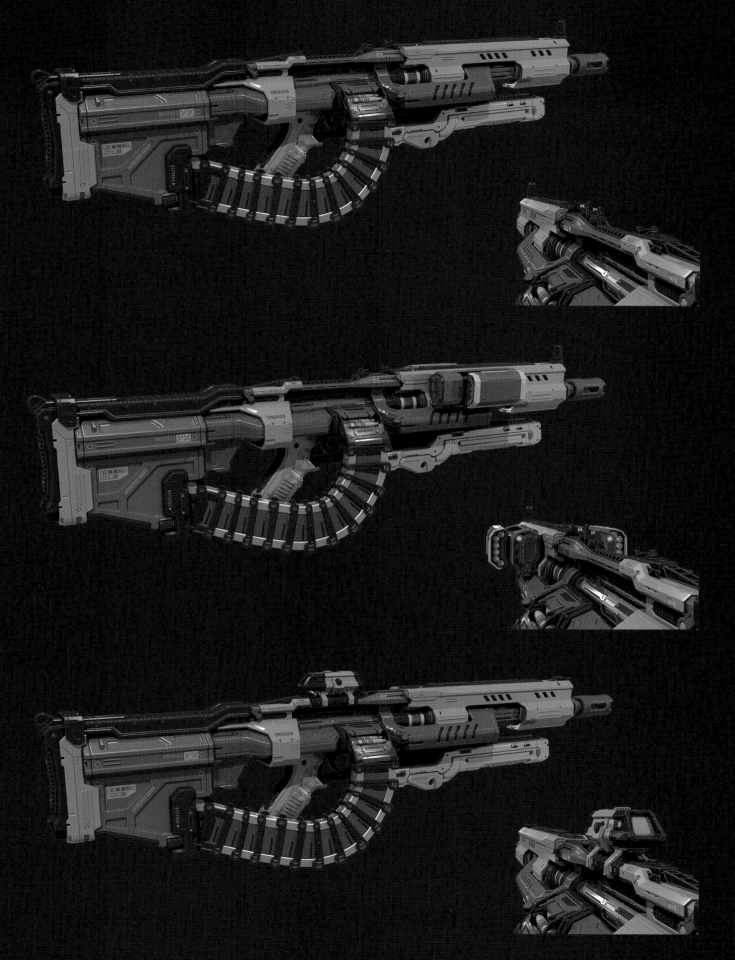

[위] 헤비 캐논 렌더링-로버트 호드리(Robert Hodri)

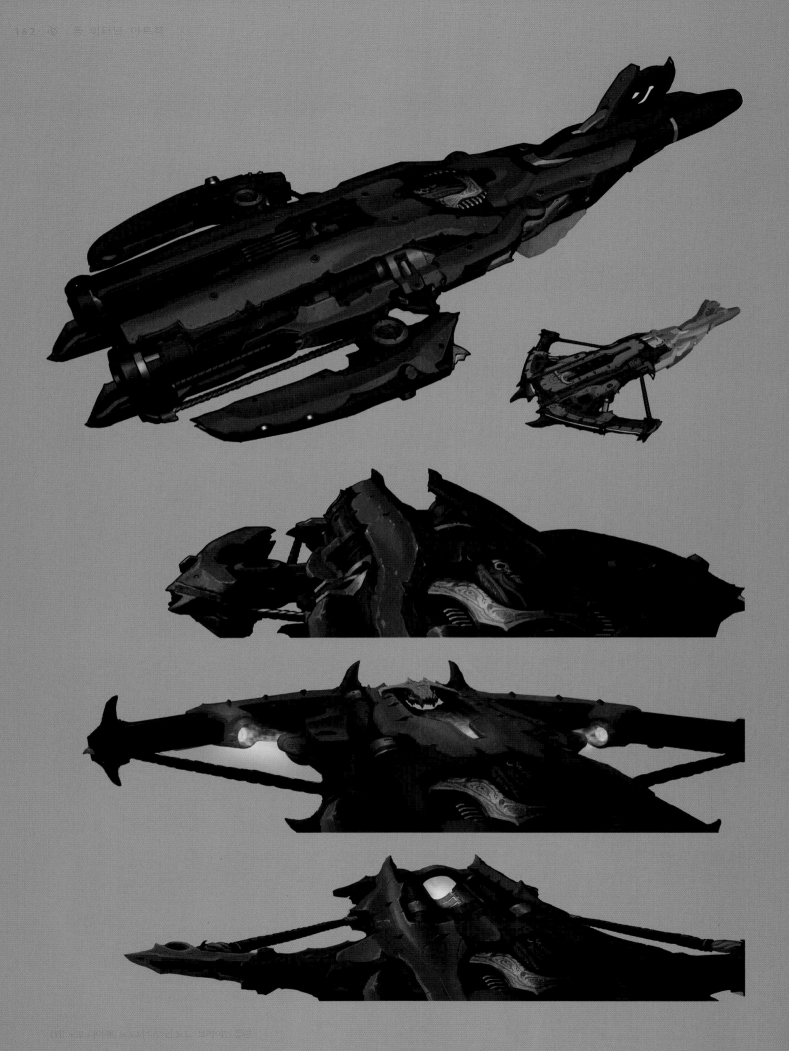

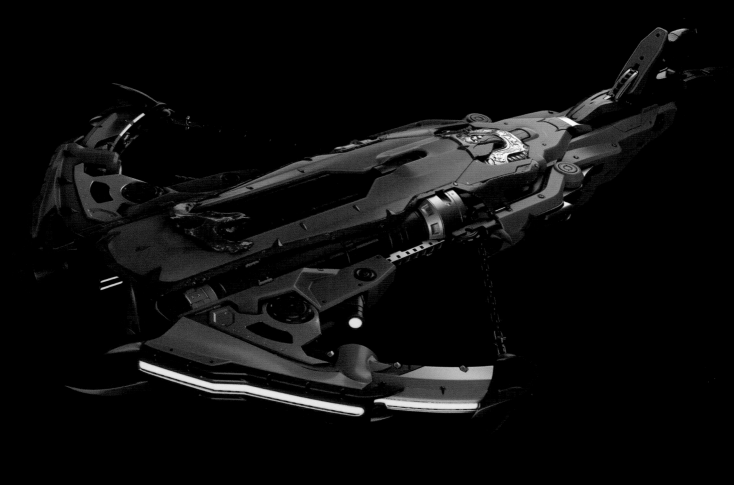

[위] 노포 렌더링-티모시 에라미안(Timothee Yeramian)

[위] 전투 샷건 렌더링 / [아래] 전투 샷건 팝로켓 렌더링-제이크 에르난데스

[위] 전투 샷건 렌더링—제이크 에르난데스

[위] 전투 샷건 / [아래] 전투 샷건 팝로켓 모드-존 레인

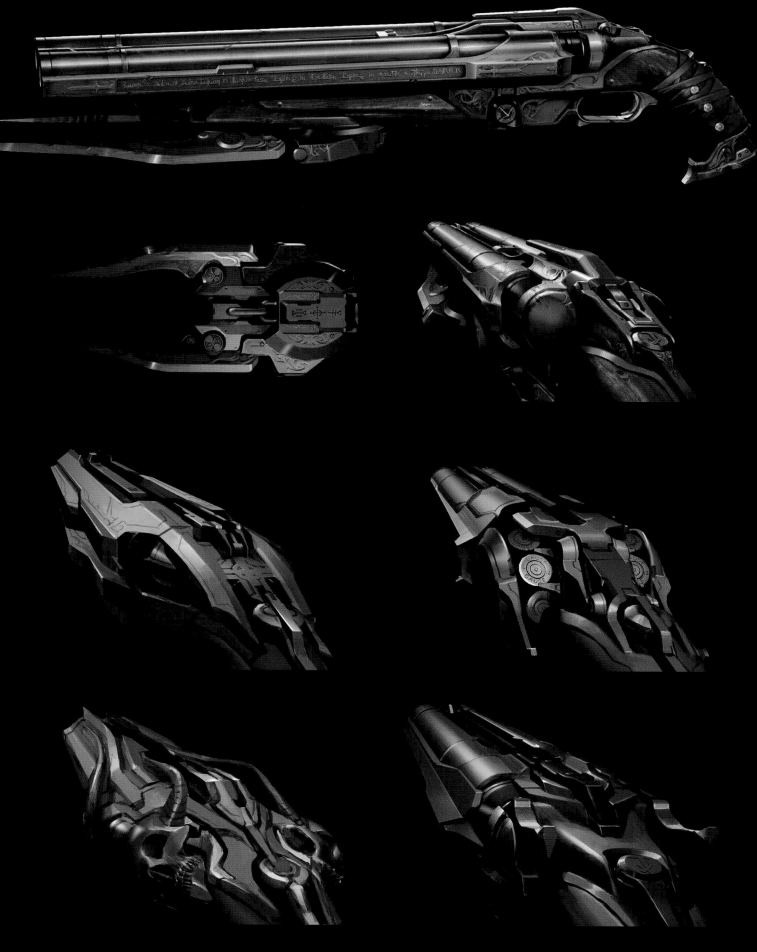

[위] 슈퍼 샷건 / [아래] 슈퍼 샷건 구상화-존 레인

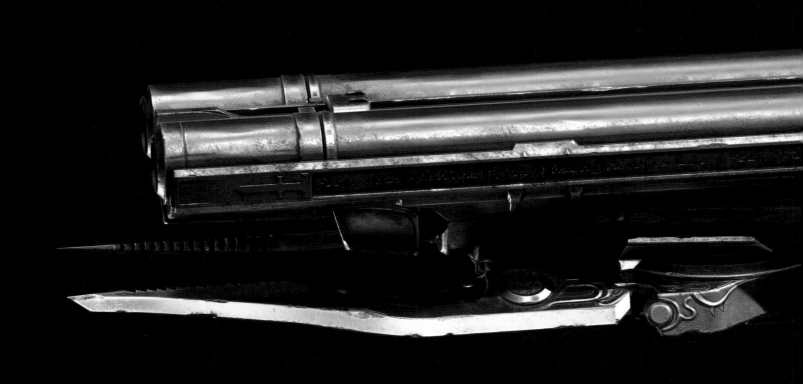

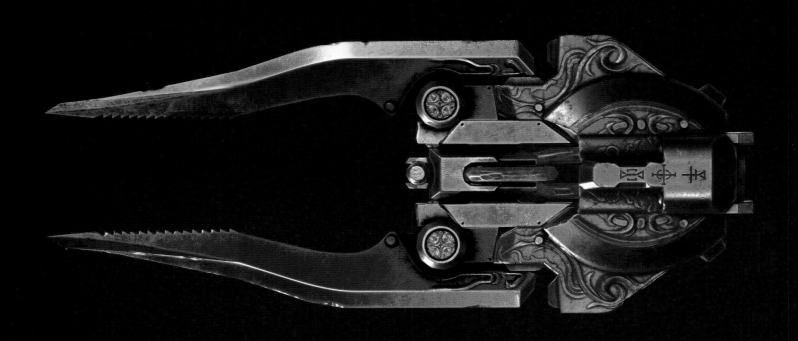

[위] 슈퍼 샷건 렌더링-필릭스 레엔데커(Felix Leyendecker)

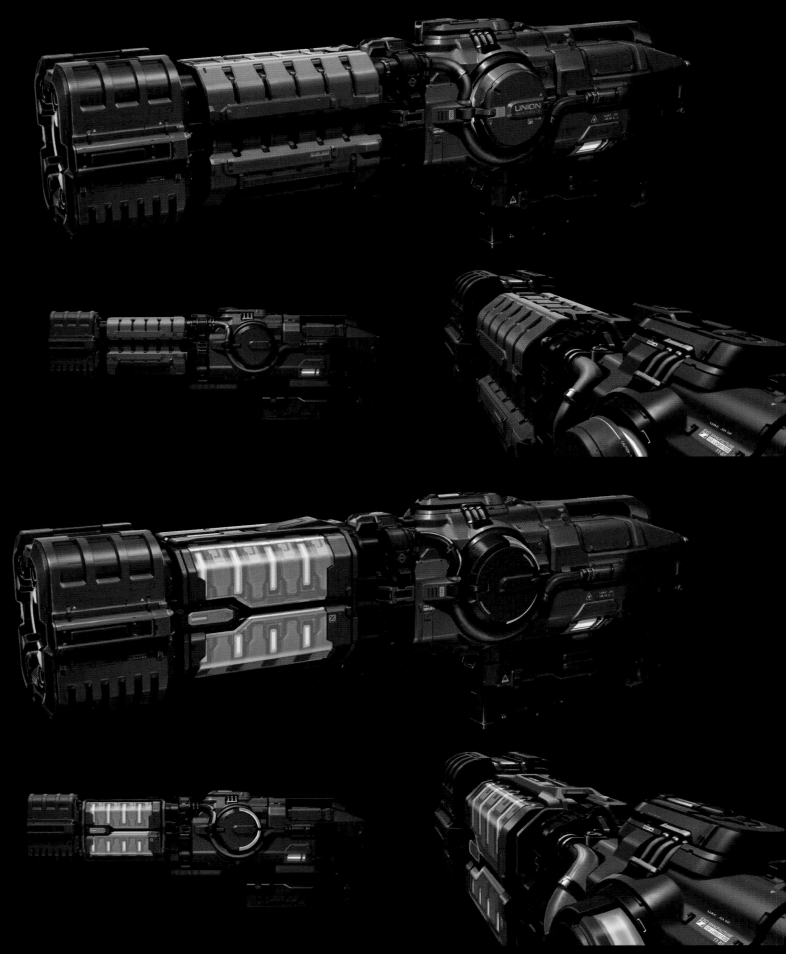

[위] 플라스마 소총 / [아래] 플라스마 소총 열파 모드–존 레인

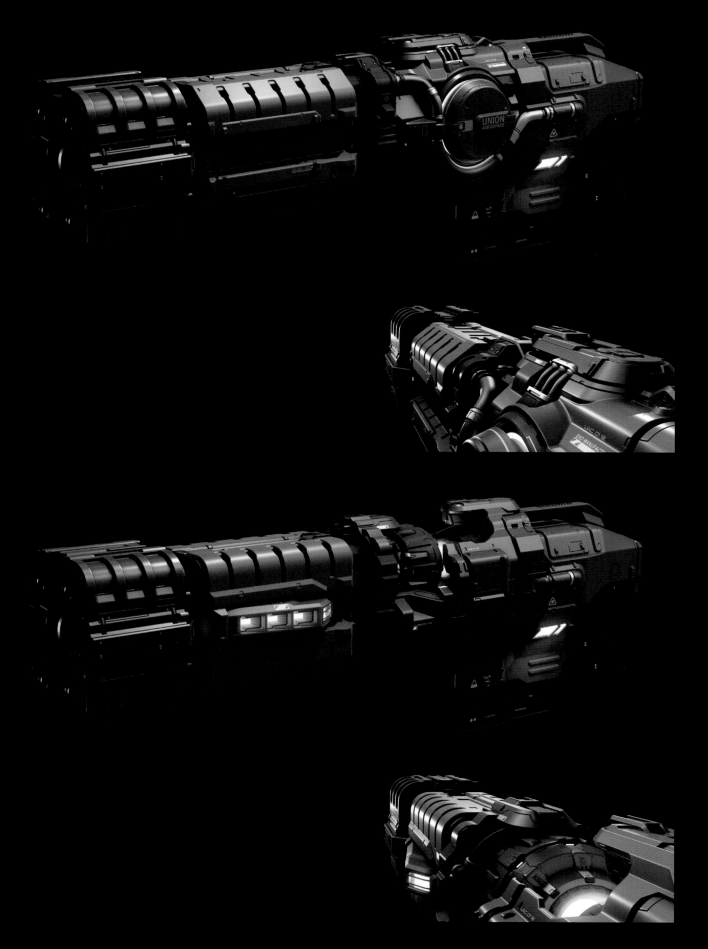

[위] 플라스마 소총 렌더링-닐 맥나이트(Neil McKnight)

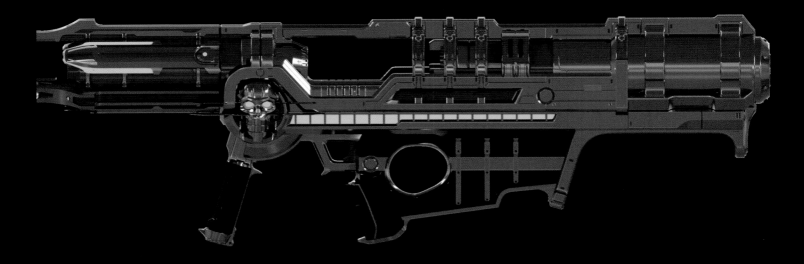

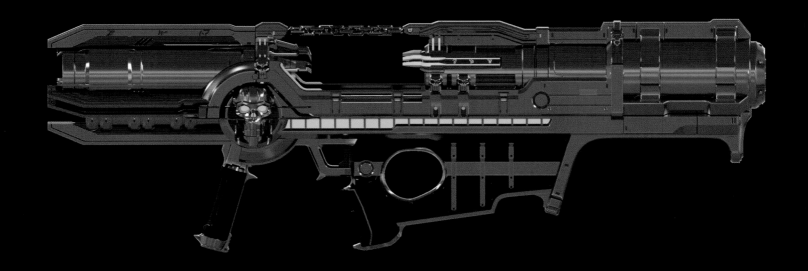

[위] 로켓 발사기 렌더링—제이크 에르난데스

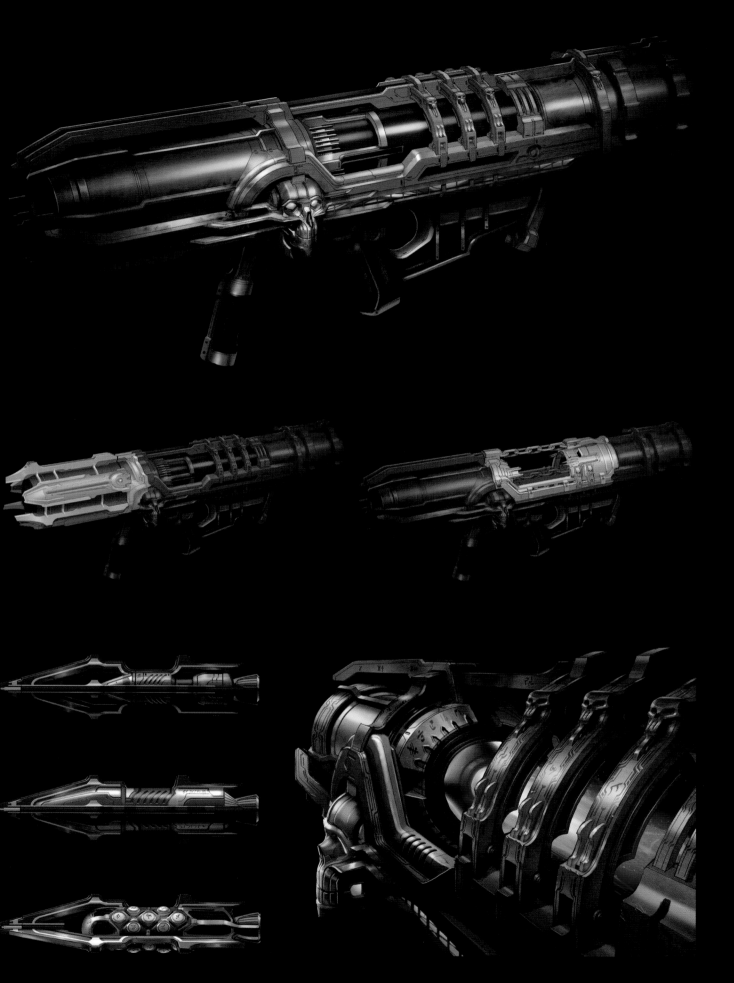

[위] 로켓 발사기 / [가운데] 로켓 모드 / [아래 왼쪽] 로켓 발사체 구상화 / [아래 오른쪽] 로켓 사용자 시점—콜린 겔러

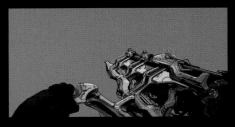
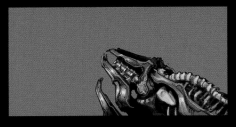
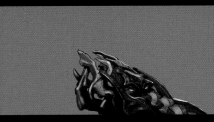

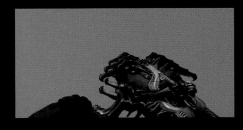
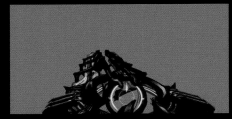
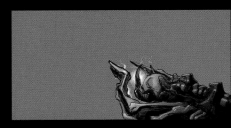

[위] 언메이커 / [아래] 언메이커 구상화−콜린 겔러

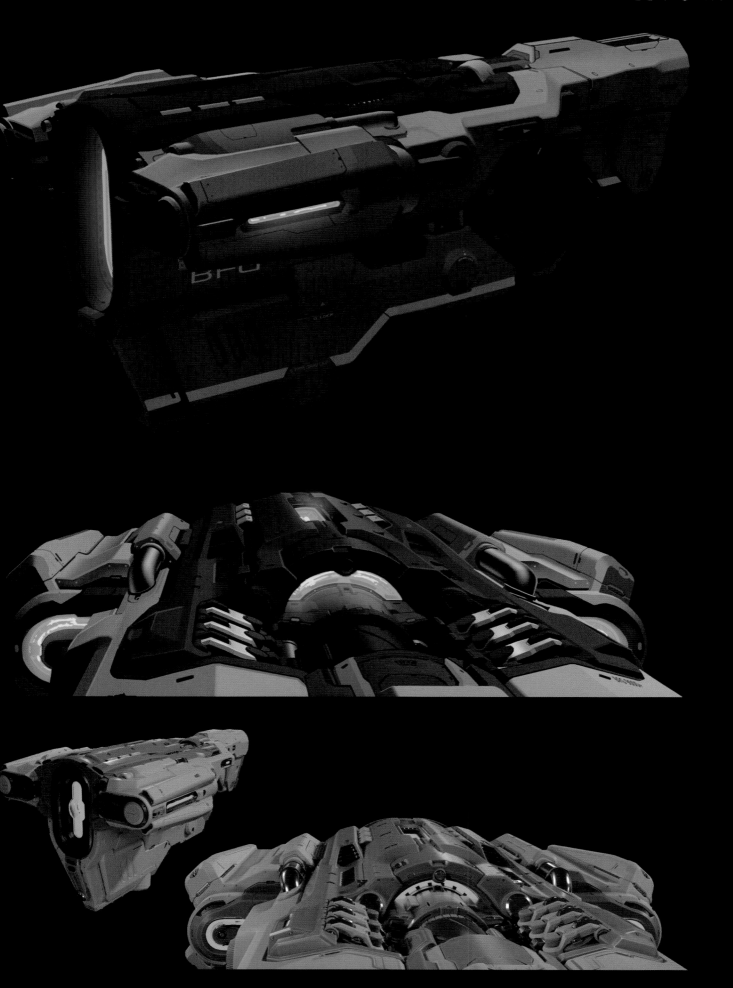

[위] BFG-브라이언 플린 / [아래] BFG 렌더링-티모시 에라미안

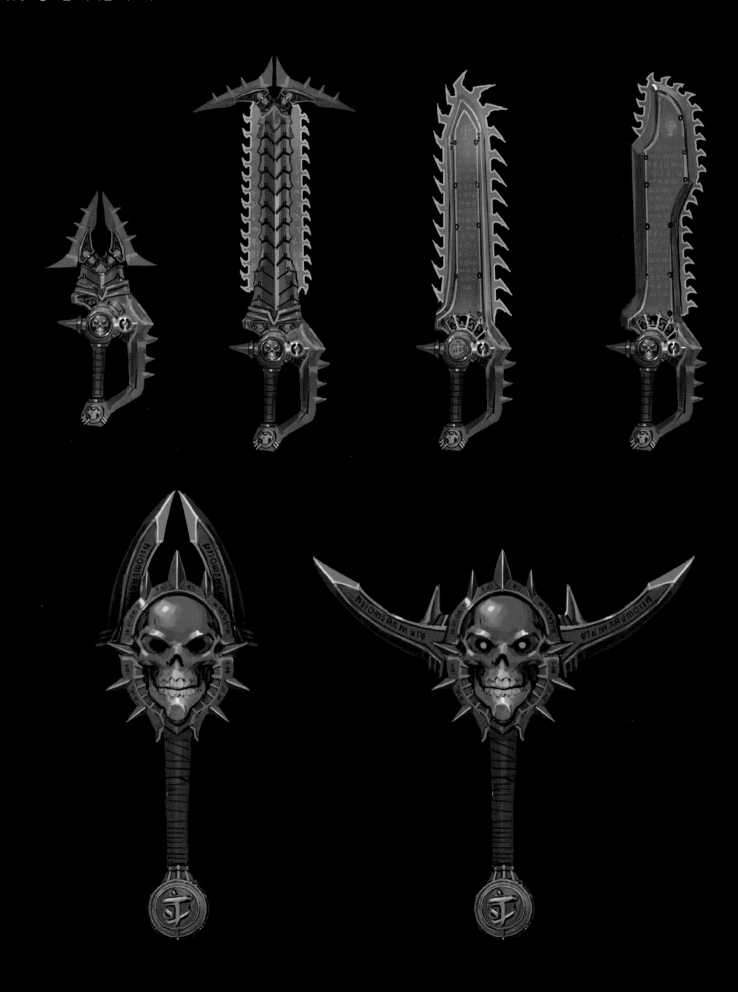

[위] 크루시블 구상화-에머슨 텅

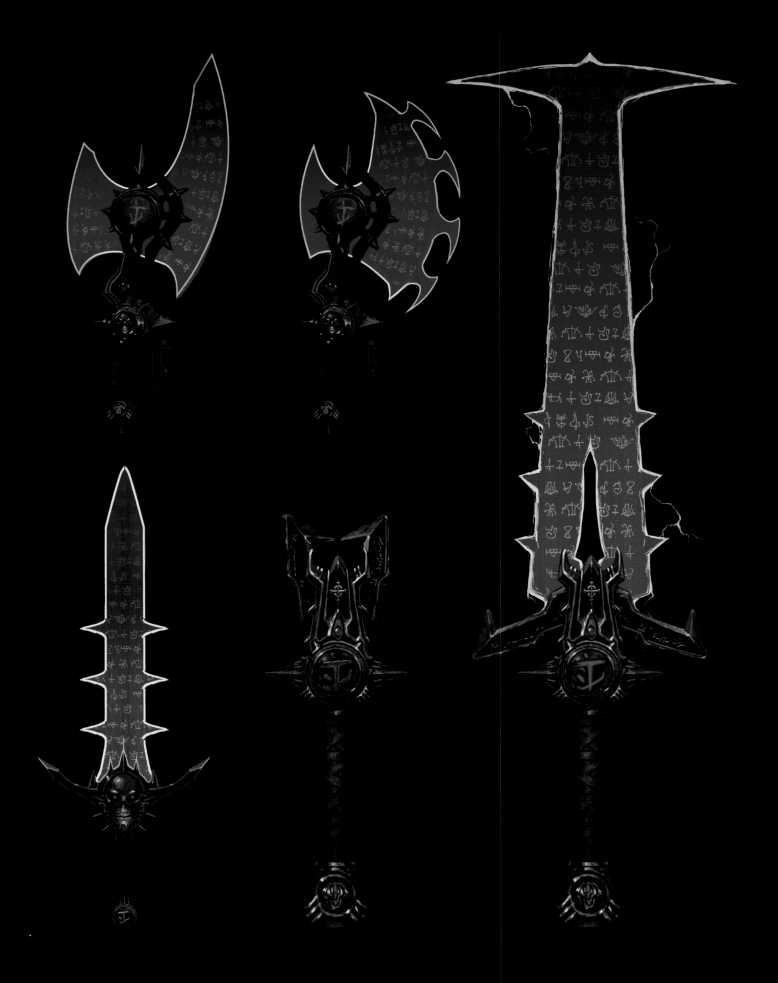

5장
악마 VS. 둠 슬레이어

둠 슬레이어의 방 허브에 이식된 베가는 양자 수차를 흥미롭게 관찰한다. 지옥과 우르닥 세력이 인간의 영역에서 충돌하면서 현실에서의 미약한 질서가 해체되기 시작하고, 혼란의 시대 서막이 열린다.

베가의 시뮬레이션 매트릭스의 상당 부분이 이러한 차원에서의 기형 현상을 관찰, 기록, 분석하고 베가가 그 의미를 포괄적으로 해석하는 시도를 한다. 지나칠 정도로 변화무쌍한 현상들을 처리하면서 베가는 다차원 우주가 자체적으로 붕괴하는 현상으로 야기될 결과를 주시하며 그 한가운데에서 둠 슬레이어와 악마가 끝없는 대결을 펼친다.

이 이례적인 현상을 더 깊이 파헤치고자 베가는 인간과 기계 간의 차원 관문이라고 할 수 있는 전방위적 인터페이스를 설계하고, 이를 통해 둠 슬레이어는 직접 전투를 치를 수 있게 된다. 둠 슬레이어가 관문에 입장하면 그를 둘러싼 환경이 경기장의 형태로 바뀌면서 적이 나타나고 전투를 치를 준비가 갖춰진다. 슬레이어의 경험이 축적된 데이터에서 축출된 적들은 익숙한 듯 보이지만, 보이지 않는 힘에 의해 변형되었다.

플레이어 맞춤설정

베가는 자체적인 분석으로 물리적 세계에서 벌어지는 다양한 현상을 반영하여 현실 구조에서 일어나는 단기적 왜곡 현상을 관찰한다. 둠 슬레이어가 이러한 변칙과 상호 작용하면서 변칙의 구성 요소에서 특이한 파문이 생기면 슬레이어가 반사적으로 반응한다. 이 변칙 현상은 스스로 개조하고 조정하는 과정을 거치면서 그의 메모리와 원형, 관습적 데이터에 반응한 후 최종적으로 둠 슬레이어에게 투사된다.

[옆 페이지] 좀비 슬레이어 스킨-에머슨 텅 / [위] 추종자 슬레이어 스킨 / [아래] 메이커 슬레이어 스킨-알렉스 팔마

[위] 지옥 시상대 / [아래] UAC 시상대-이선 에번스

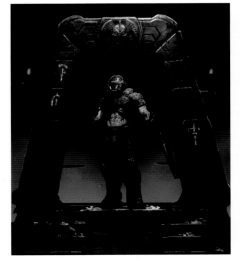

[위] 지구 최첨단 시상대-조 마르키스 / [아래] 시상대 구상화-알렉스 팔마

[위] 시상대 구상화-이선 에번스

마라우더 추종자 스킨-에머슨 텅

[위] 맨큐버스 좀비 스킨 / [아래 왼쪽] 마라우더 좀비 스킨 / [아래 오른쪽] 레버넌트 좀비 스킨-에머슨 팅

[위] 페인 엘리멘탈 좀비 스킨-에머슨 텅 / [아래] 페인 엘리멘탈의 손-존 레인

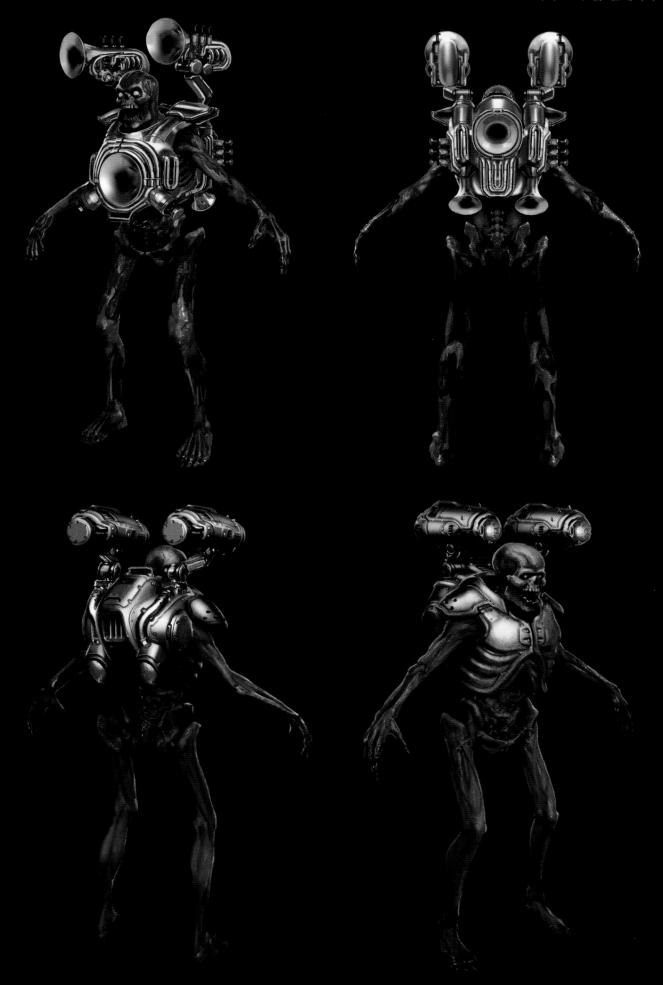

크레디트

아트 디렉션

휴고 마틴

콘셉트 아트

알렉스 팔마	콜린 겔러	이선 에번스	존 레인
브라이언 플린	에머슨 텅	조 마르키스	마티아스 아스텐발드

3D 아트

덴질 오닐	필드 라이스터	피터 베이머
에마누엘 팔라리크	제이크 에르난데스	필립 베일리
필릭스 레엔데커	제이슨 마틴	티모시 예라미안
	닐 맥나이트